大学的精神尺度

叶隽\著

目 录

第一辑：大学论　1

大学之道——大学论自序　3
一、高深学问　8
二、教授治校　12
三、保持张力　16
四、典范意义　20
五、思想自由与兼容并蓄　24
六、高深研究与通识教育　29
七、教授治学与精英管理　33
八、大学理念与学术独立　37
九、人格之养成　42

十、意志之自由　46

十一、学统之延续　50

十二、社会之责任　54

大度问学——大学论小结　58

第二辑：德国大学　63

现代留德学人视野中的德国大学　65

波恩大学城　74

漫步海德堡大学　80

蔡元培与莱比锡大学　87

从"柏林大学"到"洪堡大学"　94

哥廷根思想与德国启蒙大学观　99

利禄学者今何方？　111

作为现代大学精神尺度的"哲学之士"　115

德国现代大学的"忧患时刻"及其学者姿态——作为"德雷福
　　斯事件"印衬的"贝恩哈德事件"　123

精英大学战未休——由德国大学排行榜想到的　135

第三辑：中国大学 143

传统资源如何进行现代阐释？ 145

大学精神何处寻 154

"大学问题"的历史资源 161

细数中国大学源流 169

续大学三问 173

以精神底气审视制度问题 182

崇精神与读故事 190

北大精神与五四传统 195

大学排名、学术认知与中国的世界影响——以上海交大2005年

　　行榜的法国大学名次为中心 200

21世纪中国大学构建的重要命题 208

后记 222

 第一辑：大学论

大学之道——大学论自序

大学之道,自然是"在明明德,在亲民,在止于至善"。但是,我们这里要讨论的大学之道,却被赋予了更多的现代色彩,这里的大学指的是具有现代意义西方形式的大学(university),而"道"的含义则更为广泛,我简言之,则为路向何在?

蔡元培出长北京大学,是中国传统学术向现代学术转变的一大契机,亦中国现代意义大学形成之肇始。1917 年时的中国,虽然已经是民国共和时代,但中国的知识者远远未能摆脱传统"亦学亦政"的角色制约,一方面不能忘情学问、穷经皓首,一方面却不自禁地关心政治,承担"先天下之忧而忧,后天下之乐而乐"的光荣传统。蔡元培掌校后在就职演说中强调"大学者,研究高深学问者也",要求学生不可"有做官发财思想"[①];第二年

---

① 蔡元培:《就任北京大学校长之演说》,载高平叔编:《蔡元培全集》第 3 卷,北京:中华书局,1984 年,第 5 页。

又发表开学演说,强调大学为培养学者的场所,"学者当有研究学问之兴趣,尤当养成学问家之人格"①。这一措施连蔡元培自己都颇为得意,称其为铲除"科举时代遗留下来之劣根性",其在当时的大背景下,功用确可谓振聋发聩。"大学学生当以研究学术为天职"思想的提出,其指向尤在传统政学不分之弊端。贺麟对此评价甚高:"好在自新文化运动以来,在中国大学教育方面,总算稍稍培植了一点近代学术自由独立的基础;一般学人,知道求学不是做官的手段,学术有学术自身的使命与尊严。因为学术有了独立自由的自觉,对于中国政治改进,也产生良好影响。在初期新文化运动的时代,学术界的人士,完全站在学术自由独立的立场,反对当时污浊的政治,反对当时卖国政府,不与旧官僚合作,不与旧军阀妥协。因此学术界多少保留了一片干净土,影响许多进步青年的思想,培养国家文化上一点命脉。"②

从上世纪初叶蔡元培执掌北大到今日,中国现代大学之形成隐约已近百年。所谓学术兴衰,当于百年前后问焉。如今,我们且不论学术兴衰,但问大学之道可道否?中国大学百年,其道何如?其未来又应作何展望?这是我们很想了解的问题,但似乎要搞清答案,实属不易。其实,在我看来,传统与现代之间,传统与现代的大学之道之间未尝不可以沟通。大学之为大学,在于大学之大,大学之道亦在大学之大。大,首先意味着大度包容,有大学之气象;大,还意味着大学之"学"大,学问之道,本就无

---

① 蔡元培:《北大一九一八年开学式演说词》,载高平叔编:《蔡元培全集》第3卷,北京:中华书局,1984年,第191页。
② 贺麟:《学术与政治》,载《文化与人生》,北京:商务印书馆,1988年,第252页。

限广大，惟有以"高山仰止"之心情勉力向学，方能敢说粗窥学术门径，故此大学之大度包容必然也就意味着学问的博大无垠。而这气度之"大"与学问之"大"，正共同成就了大学之"大"，学问是抽象学理，但却是人类精神不可没有的根本基石；气度是精神气象，人活一世，最重要的确实是这样的"龙虎精神"。所以，在我看来，大学之"学问之大"与"气度之大"有如一身之两翼，相辅相成，相得益彰，不可偏废，不可或缺。学生要在此中涵泳体会者、接受熏陶者，也无非以此二点为其根本，否则也多半会步入歧途。

说来简单，大学之道归结为两个基本点，学理根基与精神气象。但究其实际，实在并非仅如我们想的那般，尤其是如何落实，如何形成这大学之道，其实既待实践之检验，亦尤需要形成完整的思考。毕竟从理论到现实之间，还是有不少的路程要走。从这个意义上来说，我这组思考当并非完全是书生清议。当今中国，大学改革喧腾热闹，或曰合并、或曰联合、或曰划转……名目不可谓少，大学中人、教育官员、上层人士……参与者之热忱积极，尤其可佩。但追问一句，在这体制改革初告段落之际，中国大学之进步究竟体现在哪些方面？是学理根基得到进一步加强呢？还是精神气象焕然一新？我们是否真的感受到了一点大学之道？

我并不赞成将中国大学的历史从古代开始计算，因为这些历史陈账，确实难算清楚。就以"中国大学百年"这个题目来论列，或则可以探讨一些很根本性的东西。我的问题很明白，大学之道何在？从西方的历史看，所谓学术自由、所谓教学与研究相结合、所谓寂寞与孤独、所谓教授治校,都可谓颇显露大学之自我风骨。而看中国百年大学史,却感到既有欣慰,也颇辛酸,从蔡元培掌北大开始的"思想自由、兼容并包"到西南联大的"烽火育人、坚守学术",从改革开放后的"恢复高考尊重知识"到今天世纪之交的"创建世界一流大学",百年中国大学,走过了一条不平凡的沧桑创业路。然而,如果说从蔡元培掌校时代的北大我们看到了大学之道的诸种因子,如大度包容的北大精神、讲究学问高深的研究之道的开创、当然还有中国现代大学制度的筚路蓝缕之功,因为"对于现代中国学术而言,大学制度的建立至关重要"①,而"将中国学术由贩卖导入研究之途的,首推蔡元培"②。但是,今天我们返观拥有百年历史的中国现代大学,这些精神因子竟何在焉?

毋庸置疑,与当年草创时期的中国大学相比,今天的大学不管是在设备,还是经费上,都远远强于当年。大楼之林立也绝对成倍于昔日。然而"所谓大学者,非谓有大楼之谓也,有大师之谓也"③。梅贻琦先生的话犹在耳边,而在当今的大学校园,我们的学子抬眼望去,却只见大楼林立,不见大师踪影。大学之道安在哉?

大学虽然有它的许多社会现实功用和功能,诸如培养人才、服务社会等,但从历史上看,大学作为象牙塔的功能,对于国家

---

① 陈平原:《中国现代学术之建立》,北京:北京大学出版社,1998年,第18页。

② 王奇生:《中国留学生的历史轨迹 1872—1949》,武汉:湖北教育出版社,1992年,第294页。

③ 杨东平:《重温大学精神》,载《大学精神》,沈阳:辽海出版社,2000年,第9页。

民族可能尤其不容忽视。有些东西的历史意义是不必用现实的价值来衡量的,在越来越走向功利、走向市场的社会里,保持一块相对的净土,保持一群能够"袖手谈心性"、钻研学问的读书人,保持一些形而上的东西,保持他们对于抽象问题、学理问题的研究和思考,或许会有利国家社会于长远。也许,正是因为他们的存在,大学之道才能逐渐重现于大学的校园,复归其原有的含义,让其不成为"消逝的风景"。所以,从这个意义上说,撰作《大学论》这一组文章既是出于自己对大学问题本身的兴趣,更是冀望于对"大学之道"的向往和复归,如能得到同道的批评和呼应,则更是不胜荣幸之至。

一、 高深学问

　　学者本当以学业为第一天职，故此，追求学问之高深，自然是学人分内之事。学问之一说，其实难辨，但其关系到学人立身之根基，又不可不辨，故此略作申说。其实，在我看来，学问但分"有趣"与"乏味"两种，是否高深其实并非根本。之所以要强调"高深学问"，其旨趣非对外人，而是对作为学问主体的教授而言。有一种说法，称"教授为学问之大敌"①，言之凿凿，让人听了悚然动容，大致不外两类解释，其一为："一行学问的旨趣，在使学他的人天天加多，他的影响天天扩大出去。教这行学问的那位教授的旨趣，却未必在此：他要巩固他的地位，要增高他的权威。他的方法，便在使这行学问越变越专门。越专门，懂他的人便越少，有力量来批评他的人便越少；他就越觉得自己超

---

① 潘光旦：《读书问题》，上海：新月书局，1931年再版，第9页。

凡入圣。……他的专门名词越来越多，弄得人莫名其妙。……长此不改，不论那一行学问，必有教之不得学之不屑的一日。"① 其二为："大凡一个研究生，一个助教，总是小心翼翼的；到得后来，自己略微有些根基，有些贡献，便要自称或加入某个派别。一有了派别，西人所谓 School，于是入主出奴，是丹非素的精神，便一天发达似一天。他未尝不继续做研究功夫，然而他的立足点不免十分褊狭。"② 潘光旦先生这段归纳，虽然作于很多年前，但至今看来仍然有其现实意义。所以，在我看来，象牙塔外人往往将学者看得重如泰山，因为"民众的进步、社会的发展，往往多依赖于'象牙塔'内的孤独精神者奠定学理之基、指明灯塔所在"，所以学者应知自己的言行并非只关己身，修身、自律当为第一要义。

故此，需要特别强调作为学问主体的教授应对其所以"安身立命"的学问，应心存敬畏，即使不要"高山仰止"，也应含"温情之敬意"，知道学问之所以为学问，原非某人之私家珍藏，而乃"天下之公器"。学人之贵重，并非自今日始。从历史上看，不尊重知识分子，不尊重知识的朝代从来就没有什么太好的结果。而学人之所以能够贵重，能够被人尊重，则首先依赖于自己的自重。就此而言，强调"高深学问"并非仅强调学问本身，更关系学人立身的根本。学人之立于世间，在我看来，学问固然是根本，但决非仅仅学问而已。殊不知"高山仰止，景行行止，虽不能至，心向往之"，说的首先是人的道德风仪、精神气象。所

---

① 潘光旦：《读书问题》，上海：新月书局，1931年再版，第9—10页。
② 同①，第10—11页。

谓"读圣贤书，所为何事"，难道真的就是"为稻粱谋"？或者是"天下熙熙，皆为利来，天下攘攘，皆为利往"？或者是"船来船往，无非名利两艘而已"？学人若不能立德，不能从容于学人之本色，则一切无从谈起。当前的体制，确实有这样的问题，即学人的基本生存问题确实是和学术成果的多少挂起钩来的，如房子、如工资、如职称……但存在的未必就都是合理的。确实，也有这种现象，即学问在某些学界大腕手里成为了一种工具，一种不是以学术进步为目的之工具。这诚然悲哀，但也是事实。正是在这个意义上，我们要强调"高深学问"，首先是对作为学问主体的教授而言的高深学问，因为对于任何一个名家、专家，同样是学无止境，幻想着以学派为由垄断学界，这不但是一种固步自封，更是对学术进步的阻碍。只有心存对学问的敬畏之情，对真理的无限热爱，才能不断将学术推向进步，才能不愧疚于学人之本色。

其实，更多的，我寄希望于教授的，则是将原本的"高深学问"转化为"有趣学问"。这种转化，不是改造，而是在学术本身研究的精深与面对大众之间的普及上做一些有益的尝试。正是相对于上面所提到的教授可能会将知识尽可能地专门化，以使大家都不懂，所以教授更应该在力所能及的范围内，做学术普及的工作，即让专门知识尽可能地通识化，让大家都听得懂，这样才更可以发挥学术的意义，现在已有院士写科普读物的尝试，希望以后也有更多的大家写小册子，是绝大多数民众喜闻乐见、开卷有益的那种小册子，如朱光潜的《谈美》、周振甫的《文章例话》等。其效用，一来可以更多延续固有之学统；其次亦可起到学术的普及效用，唤起民众对于学问和研究的兴趣。这种有趣的学问，首先应当唤起学生研究学问的兴趣，甚至能使得部分优秀学子立志于此，钻研问题、献身学术，能如此，则教授在象牙塔中的一大使命可以告竣，学生在象牙塔中求学的一大任务可以完成，即中国现代学术史"命若琴弦"之学统可得以自然延续了。

当然，追求"高深学问"的目的还在于促进学术之进步，参与国际学术交流的进程。一则教授对于"高深学问"的敬畏之情对后人有示范之效应，在言传身教之中让后来学子对学问之道有所体认；二则也是对于学问之道的不断追求，自己底气充实之需要，其实学问之道并无止境，只有不断学习、不断钻研、才可以保持先进者的地位；三则，毕竟，"学问"二字代表了一个国家精神文明发展的最高境界，虽然它是一种非政府性的、纯粹民间的东西，但象牙塔里的这种纯理性思维毕竟昭示了一个国家、民族可能前进的步伐，所以，就此而言，完全应张扬个人意志的学术研究除了代表学者个人的学术兴趣之外，竟然还是一个国家民族兴旺发达的某种显示剂，思来虽觉幽默，但又不得不承认这也是一个事实。其实，根本之根本，在我看来，学人还是应当以学问为乐趣，不谈国家使命、不说学术兴替，自己若能 enjoy it，自得其乐于中，即便别人让你休息，你也恐怕只能是"手不释卷"。如此看来，说"高深学问"不如说"兴趣学问"，有兴趣在，自然会孜孜不倦、韦编三绝、汗牛充栋而不觉其苦，反以为乐。而即便是"耳提面命"也未必有这"以身作则"为榜样的效用高。能如此，则"高深"自在"有趣"之中也。

二、教授治校

大学是一个很奇特的地方，既不同于行政机关，也不是一般的事业机构，甚至和同为学校的中小学都不尽相同，它自有其独特的性质。正是在这个意义上，我认为这里的管理机制，应当是"教授治校"。管理其实很重要，我们虽然似乎很重视，表征为官僚机构重重叠叠，但说实在话，这效率确实是难以恭维。其实，管理真的意味着官位重重吗？我看不尽然。

有的教授不愿多提"教授治校"这个概念，有的是因为不愿多事，恐怕有违"党的领导"的原则；有的则是认为"肉食者鄙，又何间焉"，袖手旁观的清高；有的则生怕牵扯太多精力，耽误治学。其实，在我看来，"教授治校"既是大学之成为大学的基本原则，也是每个教授不容推卸的基本义务。

恕我坦率直言地追问一句：谁最有资格管理大学？谁最了解

大学?谁与大学利益切身相关?难道除了教授还有别人吗?学生毕竟是"铁打的营盘流水的兵",数年一换,虽然他们多的是主人翁的意识。但真正在大学里安营扎寨、甚至终身寄托于此的是教授①。教授不能管理学校,谁来管理?难道真的还是要外行领导内行吗?中国的文人就是缺少这种"当仁不让"的态度。而,我希望,学人不要等同于文人。

　　学人与文人最大的区别,就应该在于,文人是耍弄文墨的,学人则是以学识为根基的。所以,学人更应寄托着国家民族的希望。而作为学人中之顶尖人物的教授,则更应代表了学人风骨。故此,教授治校,看来不是大事,其实颇关系学人风骨之树立。

　　在我看来,教授治校有以下的意味,一是"学术独立"的真正实现;二是大学成为国家、民族思想库之可能;三是意味着教授在大学、社会之间保持张力、形成典范意义。而最重要的一点是,教授成为真正意义上的"教授",而不仅是学术职称的一种。我常常感到困惑的是,在国外,尤其是西方国家,他们概念里的教授跟我们所称呼的教授完全不一样。西方的教授显然不仅是一种学衔的称呼,而且意味着一个学术小集体的领袖。所以,教授的任务在进行学术研究、教书育人之外,进行必要的学术管理,本是题中应有之义,而大学作为由教授为主体汇集的场所,由"教授治校"本也就是天经地义之事。因为谈学术管理,各个小学术集体的治理固然重要,但如果没有作为母体的大学的"得治",又何谈子机构的学术自治与自由?但,话说回来,这子机

---

① 这里的教授意指教员,即现行体制中的助教、讲师、副教授、教授等。

构与母体大学的关系,也正可揭示我们所提倡的"教授治校"的具体程序。在谈完了教授应当治校之后,紧接而来的问题就是,教授何以治校?

我倒是认为,教授治校的第一层意义,是教授治所、教授治系、教授治院。也就是组成大学的各个学术性子机构,应由教授来承担责任、进行管理,不管是研究所,还是各个学系、学院,都应由民主测选的教授进行管理。在此基础上,负责大学管理的校长再由这些承担管理任务的教授选出;此外,再设立民主选举而出的"教授校务评议会"之类的组织,以监督校务进行、对重大校务进行决断。如此,既发挥出任管理的教授的积极性,又充分调动教授群体的作用,或许可以达到"教授治校"的初衷。当然,总体而言,"教授治校"是一个很好的理想,但在实践中未必就能尽如人意,关键在于不断改进。

其实,"教授治校"的根本,在于要求作为大学主人群体的教授有一个当主人的态度,而不是或孤守于书斋,或奔忙于声名,或汲汲于入仕……单兵作战固然是学者的本色,但大学作为个体的融合所,终究需要有人来承担责任。作为此主体的教授不出来承担,难道也要把这个担子推到学生头上去?学生热情固然可嘉,但毕竟不是适当人选。"教授治校"一是要使作为群体的教授得到在大学里发言、决策的权利;二是要教授承担"治校"的义务和责任。权利和义务本就是互为表里,不可分割。

当然,要求"教授治校"也绝不是说教授应当将主要的精力都放到管理上来,毕竟,教授的根本核心任务在于"学术进步"和"教书育人"。所以,这就要谈到,"治校"与"管理"的关系问题。我已强调指出,"治校"首先是一种权利,一种教授在大学里的发言和决策的权利。但至于,发言与决策之后的落实问题,其实不应再指望教授。有哪个领导人是自己贯彻指示的落实的?事虽不同,理却一致。定策之后,大量细致的甚至琐碎的落实工作,需要一个强有力的行政管理班子来执行。相对于"教授治校"的一班"业余性质"的教授来说,这批管理人员应当是专业人士,他们的职业就是从事大学的行政管理,负责将"治校"决策进行贯彻和落实,并向校长和"教授校务评议会"进行汇报。

再谈一谈民主与集中的关系,即"教授校务评议会"与校长之间的关系。这两者其实都是教授民主推选出来的,其实际区别则在于前者为集体,后者为个体,所以关系大学的大政方针、长治久远应由民主体制确立;而作为个体的校长则应在日常事务中运筹帷幄、规划全局。两者之间的权限应有一明确划分,但基本原则是后者应对前者负责;校长则更应注重对外代表大学,争学术独立,创大学声誉,树大学观念。"教授治校"说来让人激动不已,似乎学术独立有望,大学真成灯塔,但在实践中绝非易事,故此,抱定尝试之心,一步一个脚印,能推进一步算一步,才真能起到对大学"建设"的功用。

三、保持张力

教授的基本职责大致有三：一为延续学术传统，二为追求高深学术，三为参与大学管理。用通俗的话来说，就是教学、研究和行政。其实，在我看来，教授还应该有一个引申开来的职责，就是对社会所起到的"典范意义"。或许，我这种说法，带上了太多中国传统读书人"经国济世"的一厢情愿。一个读书人，能对社会产生什么典范意义呢？

当然，我并不是要求教授自命不凡地身处校园、不忘江湖，甚至是指点江山、议论政治。陈平原先生早已明确指出：不应过多奢谈学者的"社会责任"或"政治意识"，而是承认政治运作本身的复杂性，不是去当"国师"，不是"不出如苍生何"。作为学人自然应当以学术为第一天职，淡出政治本是常理中事，但书生毕竟也还有报国的传统，陈先生在反对书生与政的同时，也同样强调"学者的人间情怀"：不是因为真有治国方略才议政，而只是"有情"、"不忍",基于道德良心不能不开口,是作为普通人凭良知和道德"表态"。

而在客观事实上,教授确实可能对社会产生这种潜移默化的影响。难道,你能否认,这是完全不存在的吗?所以,我要提出一点,教授应当注意:保持张力。这其实是一个相当模糊的概念,什么叫张力?我在此处将其理解为是一种在"力"与"力"之间的平衡力。也就是说,教授所应保持的张力,是在"大学"与"社会"之间的平衡力;如果更需提醒的话,其实是在"学术"与"政治"之间的一种平衡力。

在"学术"与"政治"之间的痛苦徘徊,是中国现代学人最伤心不过的经历,也可谓是百年学术史最沉痛的教训,正是在这个意义上,陈平原先生才强调"政学分途",被认为是最具中国特色的"学魂反省"。中国历史上向来有"政学不分"的传统,从来就是"学而优则仕",当官的从来多是读书人。近代以来,西潮东渐,学术独立成为潮流,而"政学分离"则更成为中国现代学术独立的重要标志之一。但毕竟千年传统非朝夕可以割裂,何况中国的读书人从小就受了"经世济国"的圣训,又有几个是真能坐在象牙塔里,皓首穷经,韦编三绝的?但书生从政,往往是一种悲剧,因为书生的政治理想往往流于一种空想的理想主义,在现实中注定是要碰得头破血流的。这一点在胡适身上表现得最为明显不过,所谓:"生为学术死为学术自古大儒能有几;乐以天下忧以天下至今国士已无双。"[①] 颇是生动地概括出胡适出

---

① 《胡适之先生纪念集》,台北:学生书局,1973年再版,转引自陈平原:《中国现代学术之建立》,北京:北京大学出版社,1998年,第117页。

入政学之间的一生，但这表面畅达的挽联之后，蕴涵着胡适之作为一代学人的多少心酸遗憾？《白话文学史》是一半、《中国哲学史》也是半壁江山！虽然于现代学术开创之功莫大，但以胡适对自己作为学人的期许，恐怕相去甚远。但与胡适之同为中国现代学术开创中人的陈寅恪，却选择了一条截然相反的、纯正学人的道路。陈寅恪一生履历平凡无奇，除了35岁以前游历各国、一心向学之外；35岁回清华任教后则是一辈子在大学校园里度过，根本就没有迈进政界半步。这也是一个非常有意思的现象，对政治没有兴趣的学者自然也是有的，但是像陈氏这样决绝地不入政界，甚至不愿与之稍稍有所沾染的，却是颇为独特的现象。1948年北平即将被人民解放军攻克时，蒋介石政府曾想方设法把陈寅恪这样的著名学者抢运走，但陈寅恪婉言谢绝。最后陈寅恪是和胡适同机离开了北平。陈氏最终以其高风亮节印证了其"独立之精神、自由之思想"的学人风骨，成为中国现代学术史上最亮丽的一页。

　　不管是作为纯正的学人的陈寅恪，还是在政治与学术之间痛苦徘徊的胡适之，其实在我看来，"保持张力"都是给我们的最大的启示。作为学人，固然应不忘自己的"人间情怀"，在形而上的思考之外，应当同时注重对现实环境的关怀甚至某种程度的参与。但毕竟，学人的本色是治学，是在学术的天地里自由翱翔，守住这一根本，是学人之所以为学人的核心所在。所以，只有在学术研究为本的基础上，才可谈"人间情怀"，才可因"有情"、"不忍"而发表议论，才不妨对社会乃至政治发表一些看法。然而看法仅是看法而已，大可不必有"不出如苍生何"的感慨，一腔"经邦济世"的经纶无处可用的自伤。毕竟是在不断进步的时代，走向民主的进程不可逆转，"英雄救世"的神话早该破灭。随着社会分工的不断完善，"政治"自然应由专业人士去恪尽职守，学人更应认清自己的地位和使命，治学从教是一切之根本，至于"保持张力"，只不过是既承负起传统所赋予的部分使命，又能表达一些作为学人的良知态度罢了，所益者最多不过世道人心，再往深求，则越界多矣。

当然，话说回来，"保持张力"还意味着教授不应当躲进书斋，两耳不闻窗外之事，一心只读圣贤之书。其实对于学人而言，"躲进小楼成一统，管他春夏与秋冬"也未尝不是一种追求名山事业，自得其乐的好办法。但既然要求"保持张力"，固然是意味着"热心政治的教授，不要过分地陷入政治运作的怪圈，保持作为学人的独立和思考"，同时也要求"教授在潜心学术的同时，保持必要的'人间情怀'，保持对社会的一定关注，在必要的时候以适当的方式参与国家社会的发展进程"，二者其实相反相成、辩证统一，否则也就构建不起所谓的带有"平衡"特征的张力了。教授之"保持张力"，看来还是在作为老话题的"学术"与"政治"之间善自把握，既不入怪圈，又能守界限，既能持纯正学人本色，又不失"学者的人间情怀"！

四、典范意义

教授之可爱,则在于其可能产生的"典范意义"。当然,必须指出的是,这完全是我一厢情愿的设想,至于是否能成为现实,尚待论证。其实,我们的社会需要"典范",过去老是"树典型"、"学榜样",但那多半是人为加工、政治需要的工具。我所谈论的典范,是一种发于自然的、天然生成的东西。市场经济与物欲横流固然不无关系,但在我看来恐怕未必就是必然之因果关系。我以为,之所以会有今天的结果,恐怕与社会失范颇有关联。而我今天只想就此问题谈其冰山一角,亦即道德失范。

其实人之为人,精神生活尤为重要。虽然物质是一切之基础,脱离物质无法生活,但基本物质问题,也就是说温饱问题解决之后,应当予以相当重视的是精神问题。但我以为我们的社会发展过程中,这个问题没有得到及时的重视和解决。所以,当前社会普遍信仰低落、精神不振、各种宗教异言盛行甚至得到崇拜，在某种意义上，也是社会发展这么多年所积累的弊病所至。就此而言，社会需要"典范"，生活需要"意义"。那么，需要什么样的"典范"，需要何种"意义"呢？我将这希望寄托在教授身上。因为"作为人类理性和智慧的精英会聚场，大学在普通民众心中更是一座神圣殿堂，从这个角度去理解，作为大学主体和精神象征的教授就具有相当的'典范意义'"，这"典范意义"说来简单，其影响看似平凡，但实则对国家社会之发展意义深远，故此不可不强调"这种相对于大众而言巨大的、无形的精神力量，既是教授的优势，也意味着对于教授的责任"，几乎是要说，国家兴衰，教授有责焉！事实也是如此，作为人类社会掌握知识最为高深，又是培养最高层次人才的教授，如果再不能为社会的精神、道德之典范的话，那么还有谁来担此责任呢？

虽然，我强调教授对于社会的典范意义，但仍然不愿意把这过多家国兴亡类的修辞性语言用在教授身上。其实，越是要给别人加重负担，越是应当减轻人家的心理负担和精神负担。要我说，教授要做的，只是如何做好他的分内事也就足够了。说得更直接明白些：能钻研学问、善教书育人；参与管理、保持张力。能如此，则足以为社会之典范矣。

我曾一再强调："师为国之基。"就是因为，师者，在当今社会里太不受到重视；而究其根本，则不能不归结到为师者的自身因素，总体而言，师者的素质确实是不敢恭维，第一流的人才很多都离开了师者的队伍。这说明，师还不足以吸引和接受第一流的人才。其实，就大学而言，教授远远超出师者的意义。因为，在师者中，教授是最高层次的人才，或者说应是定立方向的领袖阶层，在某种意义上，更是具备典范意义的阶层。所以，要谈教授的典范意义，首先是在大学范围、在师者范围中的"典范意义"。就学人而言，教授理应执牛耳而无愧，这种无愧，首先应是精神领域、道德意义之内，他们的道德学问、人格风襟都应成为学人的表率，他们的人生选择、人间情怀，不管是在追求高深学问，还是在强调保持张力之上，都应对学术梯队的后继者，不管职称如何，是助教、讲师，还是副教授，即使不必是那样一种"高山仰止"的效应，但"心向往之"还是应为题中应有之义。一所大学，如果能存在这样一些能为后学示范的教授，能得到后学发自内心的尊重和敬仰，那么就可以算是支撑起"典范意义"的第一重含义了。而这一点，在我看来，则是一切之根本，如果在本领域之内，都不能赢得同人的尊敬，那么又何谈对社会的典范意义呢？

第二重含义其实更不容易，那就是教授对于学生的"典范意义"。如果说对于后辈学人而言，还不难在学理上加以沟通、在学问上共同探讨，那么对于年方弱冠的学生，进行跨越代沟的理解其实并不容易。至于谈到典范意义，或许在以前的时代，学生会对老师尊崇倍至、奉为纶音，但在西潮东渐多年后的当今市场经济时代，学生越来越具备逆反心理，为师者要想博得他们的尊重，其实是第一大难题。然而，如果连学生都不能心服，又何谈典范社会？而教书育人，正是教授最本分的天职之一。好在青年学子之最大优点，就在善于辨别，他们对真、善、美是最为热爱的，对于真理是最为向往的，对于国家和民族是最充满了热忱和豪情的，所以这也就决定了他们能够挑选出他们认为最值得仿效的典范。余杰笔锋矫健，颇有少年狂放的勇气和锐气，但他既敢于批评，同时也善于选择，在批评老先生的同时，也不乏对教授的尊敬，甚至用"令人遥想那个侠客如云、策士如雨的辉煌时代"来彰显自己心仪的教授风采。由此可见，教授对学生的"典范意义"之形成，重要的还在于自身的修养和学识，而并不需要对学生的"逆反心理"予以太多重视。

在能为后辈学人之典范，能得青年学子之尊敬后，教授之成为典范，已经大功告成，所缺只是一个转换的过程而已。也就是从校园的象牙塔内走向社会公众的一个转变。而在此方面，其实人文学科的教授比自然科学承担更多义务，也具备更多优势。因为毕竟欲为社会典范，与公众的接受媒体和方式都有关系，相比自然科学相对狭窄的专业，人文学者自然有着更多的面向大众发言的机会和可能。所以，就此点而言，人文学者在注意"保持张力"的同时，适当地发挥余热，使得自己对社会进步、对民众关心的诸多"情怀"得以彰显，不求影响本身，但问发言与否，这种不一定刻意关怀的"典范意义"或许会对国家社会之发展助益良多。当然，这只是一种闭门造车的遐想，至于是否真的能通过这种假想中的虚拟"典范"为这个失序的社会带来某种"意义"，那是另一回事了，不在本题讨论之列。

五、 思想自由与兼容并蓄

校长其实首先是教授，所以谈校长，其实还是在谈教授。不过尽管如此，校长还是不同于教授，应当有所区分。大学校长确实不好当，但当好了，确实是一件大快人心事。蔡元培之出长北大，不但是北大历史上的一个划时代转折，也同样是中国现代大学制度构建之开端。我们谈校长，首先要谈的第一条原则"思想自由与兼容并蓄"就源自于蔡氏掌校所提出的"思想自由，兼容并包"的办学方针。陈平原先生称："作为北京大学'永远的校长'，蔡元培之值得不断追怀，在于其一举奠定了这所大学的基本品格。百年中国，出现过无数英雄豪杰，但要讲对于北大的深刻影响，至

蔡元培

今没有可与蔡校长比肩者。时至今日,蔡元培之出长北大,几乎成为一个'神话'——个人的学识才情与时代的要求竟如此配合默契,千载难求,不可复得。"①

蔡元培强调大学是"囊括大典,网罗众家"之学府,提倡思想自由,更为校内教授营造高深研究、百家争鸣的空间和氛围。仅此一条,就足以使他名垂青史而不朽矣。其实,在我看来,做大学校长,最根本的是要有学理之高等常识和决断之高超见识。而"思想自由与兼容并蓄"则是这"两识"的根本所在,这里,且围绕这一条两点略作伸展。

所谓思想自由,其实颇有历史渊源,与蔡先生同为中国现代学术开创中人的陈寅恪先生就说过:"思想而不自由,毋宁死耳。"②由此可见,思想自由确实对学人而言贵重要超过生命本身。确实,大学作为学术研究的基地,只有提倡百家争鸣、主张百花齐放、各家学说能争奇斗妍、辩难不止,这样的学术才有蒸蒸向上的气势,如果定学说于一尊,只能按照一个思维出成果,那么这样的学术研究,这样的大学模式,还能有什么希望?所以,保证个体的思想自由是维持大学发展的最根本支柱所在。舍此,则无以谈独立的大学发展。所以,在那样的时代,蔡元培甫任校长,就提出了"思想自由"这一现代大学发展的根本原则,可以说是独具慧眼、意义深远的。

---

① 陈平原:《"兼容并包"的大学理念》,载《北大精神及其他》,上海:上海文艺出版社,2000年,第23页。
② 吴定宇:《学人魂:陈寅恪传》,上海:上海文艺出版社,1996年,第108页。

第二点"兼容并蓄"则尤可显出蔡氏的大度包容气象和"决断之高超见识"。蔡氏用的词是"兼容并包",并无意义上的差别。最根本的要点,就在于此中蕴涵了蔡氏的一个基本学术判断,即学理无止境,也无终极真理可言。任何一种学说,只要苟其成理,能自圆其说,就允许其在大学校园里占一席之地,这种大度包容的气象,可谓"前无古人"。中国文人历来有"相轻"的传统,其重大改变,当从蔡氏掌北大开始,因为这种"兼容"的选择,就意味着大度的包容,允许在自己当政的"象牙塔内""众声喧哗",既可以请陈独秀、胡适之等前来成为一种主流,但也不排除反对派辜鸿铭、林琴南等人的踯躅应对,发言于讲堂。而这种五色人种俱全的包容,竟然不但未使得北京大学成为"一团乱麻",反而成就了五四时代继往开来的新北大气象。蔡氏的胸襟固然值得赞赏,而其一举奠定北大的品格和"兼容并蓄"作为校长价值的确立则尤为意义深远。

而值得细心推究的是,对于作为校长的蔡元培来说,口号好提,落实不易。"思想自由,兼容并包"的办学方针,确实在当时令人耳目一新,甚至心生向往。冯至回忆当年进入北大说:"我不怎么进步,却也怀着仰望的心情走进北大的校门。"[①] 北大其时正当蔡元培掌校,整顿改革后不久,已"从一个培养官僚的腐朽机构一变而为全国许多进步青年仰望的学府"[②]。对于青年冯至来说,真是其运也何幸!他在晚年著文《但开风气不为师》,

---

[①] 转引自周棉:《冯至传》,南京:江苏文艺出版社,1993年,第36页。
[②] 冯至:《但开风气不为师——记我在北大受到的教育》,后收入《精神的魅力》一书,北京大学出版社,1988年,转引自周棉著《冯至传》第38页。

对当时北大风气推崇不已:"我刚到北大的时候,首先感到惊讶的是,我一向对《新青年》、《新潮》、《少年中国》等著名刊物的撰稿人都很钦佩,如今其中有不少人名列在北大教师的队伍中。我顿时觉得北大真是气象万千,别有天地,从此可以亲聆那些人的教诲了。但事实并不是我想象的那样。日子久了,我很少看到一个教授或讲师对学生耳提面命,更没有听到过有什么程门立雪,表示求教的虔诚。我个人在北大六年,也从来不曾想过认谁为业师,更谈不上我是谁的及门弟子。那么,我所得到的一知半解都是从哪里来的呢?回答是,是北大开放的风气给我的。"[①]这才回到我们要解决的问题上来,"思想自由,兼容并包",最为要紧的是通过这种大度气象构建了一种风气,这种风气虽然行无影、去无踪,但对人产生影响之潜移默化,却深刻之极。而且它所能够触摸到人的灵魂深处,甚至并不弱于"耳提面命"本身。作为我所提出的大学校长的第一要义,"思想自由与兼容并蓄"的深刻含义其实在此,不仅是要注重大学主体的思想开放和自由,校长本身的宽容大度,更在于构建一种大学之风气,这才是能够着力于长远,对一所大学的品格和发展关系久远的"浓墨重彩",蔡氏真不愧是兼有"学理之高等常识"和"决断之高超见识"的北大校长,看似不经意的一步"闲子"竟然会收到如此意想不到的奇异效果。难怪,即便是对后来多少代的北大学子而言,"蔡(元培)先生就是蔡先生,这是北大同人的共感。言下之意,似乎含有无限的爱戴及尊敬,也似乎说天下没有第二个蔡

[①] 冯至:《但开风气不为师——记我在北大受到的教育》,后收入《精神的魅力》一书,北京大学出版社,1988年,转引自周棉著《冯至传》第38页。

先生。别人尽管可有长短处,但对于蔡先生,大家一致,再没有什么可说的"①。大学校长做到了这个分上,可以说庶几无憾。

---

① 林语堂:《想念蔡元培先生》,引自陈平原、郑勇编:《追忆蔡元培》,北京:中国广播电视出版社,1997年,第271页。

六、 高深研究与通识教育

蔡元培大学思想的归纳可惜只止于"思想自由，兼容并包"，其实还有很多思维点可以继续发散开去，收益同样良多，譬如说关于高深学问的想法等。我在此略作引申，试图归纳出几条大学校长的基本原则，这里谈第二点：通识教育与高深研究。

高深研究是蔡先生一进北大就提出来的，他在出长北大第一天就在演说中开宗明义："大学者，研究高深学问者也。……诸君须抱定宗旨，为求学而来。入法学者，非为做官；入商科者，非为致富。"① 可以说，蔡元培对于大学的基本要义的把握是非常准确而有洞察力的。在当时的背景下，提出大学以研究高深学问为宗旨，是不但要具备"学理之高等常识"，更要有"决断之高超见识"的。因为当时北大在人们心目中，不过是"一个培养官

---

① 蔡元培：《就任北京大学校长之演说》，见萧夏林编：《为了忘却的纪念——北大校长蔡元培》，北京：经济日报出版社，1998年，第4页。

僚的腐朽机构"而已，一变而为"全国许多进步青年仰望的学府"①，除了"思想自由，兼容并包"的大度气象之外，强调"高深学问"，树立大学之为"求学"场所，亦非常重要。蔡氏此举，奠定的是作为现代大学的一个基本任务：高深研究。

虽然在我看来，教授的职责意义大致不外乎：延续学术传统、追求高深学术、参与大学管理、保持人间情怀（典范意义）诸端。但就根本点而言，仍然是前两者，即教书育人与高深研究。高深研究确立了教授作为学人的知识基础和思想先进，而教书育人则既意味着教授可以承担延续学统之责任，同时师生间的质问辩难也可将学术发展推向深入。所以在强调高深研究之外，不可不注意到另一翼，即教书育人的重要性和措施。

我倾向于将"教书育人"的目的通过"通识教育"的方法来实现。通识教育（general education）其实是美国人提出的一种概念。即在当前社会不断信息化、知识高度密集化和专门化的前提下，对学生应该进行一种复合型、各科知识综合的教育。其实我此处取"通识教育"之名，一方面是考虑到西方的因素，更多的是取国人传统的"通人"概念。但"通人"对个体要求太高，可以作为一种理想去追求，但作为教育家本身，不应以培养"通人"为大学培养之任务和目的。故此，取通识教育之名。确实，当前大学进校之前就分系甚至分专业，方向明确，与其它学科甚至专业"老死不相往来"，就知识而论，专则专矣，却缺乏基本的"涉猎面"，更谈不上"博"与"通"。"通识教育"的要点则

---

① 冯至：《但开风气不为师——记我在北大受到的教育》，后收入《精神的魅力》一书，北京大学出版社，1988年，转引自周棉著《冯至传》第38页。

在于"通"，在我看来，大学教育其实不一定要造就专门人才，关键是要养成人格，专门人才自有职业学院、专科学院去培养。养成人格的过程其实是一个不断接受新知，不断与自己进行驳问辩难的过程，而此中要点则在于能不断接触到新知，能生发自己的思考和疑问，并进而逐步形成自己的人生观、世界观，逐渐养成人格。就这个意义上而言，"通识教育"首先不是一种课程的分布，而是一种方法论的认识；"通识教育"不是简单的开设出多少门课程，文科该选几门理科的课，理科要选多少门文科的课的理解，而是一种思想上的变革，校长主张这样的方针是为了养成学生人格，作育人才于长远，而不计一时之得失；教授支持这样的做法，是为了使学生能够建立更宽泛的知识基础，学会获得知识、敢于创新、养成人格的方法；学生更要去理解何谓"通识教育"，要能在出主入奴的前提下，以"养成自我人格"为中心，结合自身之特点，去选择课程、参与讨论、阅读书目、尝试实践。教育本身，决不意味着仅仅是上课而已，讲座、讨论、读书、出游、社会实践，都是"通识教育"的不同实现方式，"运用之妙，存乎一心"，关键是怎样以主人的态度去走出一条自己的路来罢了。

所以，我这里强调大学校长的第二条重要原则，应当善于将"高深研究"与"通识教育"相结合。高深研究是大学立足的基础，没有对学理的不懈追求和教授的孜孜努力，大学绝不可能从容发展，甚至要走倒退之路；而不能培养出独立人才的大学，也失去了大学的意义，研究高深学理，终究是为了有益于世道人心，如果一所堂堂大学，首先不能形成一种道德学问的风气，以影响在此象牙塔中求学求道的莘莘学子,那么这个大学所讲求的"高深学问"其实必然值得好好反思。在这个意义上,"高深研究"与"通识教育"本就息息相通,不可或有偏废。作为校长,其职责尤其重大,职责所在,在一个"通"字。教授治学,高深研究是其分内事,不用多言;养成人格是学生入学最根本的任务,故此进行"通识教育"首先是其自身的修炼过程,亦不必越俎代庖。所需费心者,则在如何将这以教授为主体的"高深研究"和以学生为主体的"通识教育"之间进行沟通。其实,在我看来,此亦非难事,大学之根本,仍在"学"字,以学问为内容,以学统传递为引线,则教授与学生之间、"高深研究"与"通识教育"之沟通是水到渠成事,所谓大学之中,教授如大鱼,学子如小鱼,大鱼游而小鱼随,可谓得之。相吸相引,原来就在一个"学"字。故此,为校长者,原可举重若轻,贵在把握大学发展之恒定规律也。

七、教授治学与精英管理

其实,这是某种意义上谈大学校长,最难谈的一个问题。即如何处理好学问与管理的关系。大学的根本任务,是教书育人,是致学问以高深,但作为一个机构没有良好的管理运作,那是无法达到其目的本身的。而管理,也确实是中国大学发展长期以来的"瓶颈"问题,原因何在,确实值得深入探讨。

我认为,比较理想的做法,是明辨主次、分而治之。在我看来,在大学里,当然教授是主,其余为次;学术为主,余者皆次。如果在这点上达成一致,那么其他问题则迎刃而解。以教授为主体,治学尽可不必校长操心。这里所谓的"教授治学"意味着几层含义,一者作为大学灵魂的学术研究应由教授负责;二者大学重要使命的教书育人,亦即对学生之治,也交由教授负责,言传身教、耳提面命本就是教授传续学统的本分内事;至于由此衍生出的学术交流、课题研究等问题,自然也是教授分内事。而所谓"精英管理",则是我自己的概念,即应由第一流人才参与大学的日常行政管理,但参与者虽为精英,位置却必须明确,行政管理是为学术发展服务的,既然教授为主,那么就是精英为辅。这个观念必须极为明确,用精英进行事务性管理,是为了提高大学运作本身的效率,但绝不是说要由精英来管理学校,甚至管理教授,他们的管理,只是管理日常运作的事务性工作,而且位置需要摆正,是为教授服务的。

所以,我说,做大学校长并不难,关键是要把握其内在的规律。在这里,最根本的规律,就是尊重"学"字。所谓"教授治学",教授是主体,是第一位的,别人包括校长都应让位;治学,也就是学问是第一位的,压倒一切的,在大学里,其他东西必须为学术让位。有了这个基本原则,其他一切都好办了。所谓"名不正则言不顺",一再强调"教授治学"在大学中不可改变的中心地位,并不是要让教授和学术在大学里称霸一方,只是为了在某种意义上的"矫枉过正",因为在历史上看,教授和学术实在是太不被重视了,这其实是我们对大学本身发展规律的轻视。但从另一个角度来分析,"精英管理"其实也非常重要。甚至可以说,没有"精英管理"就没有大学发展,所谓"教授治学"也只能是水中月、镜里花。

"精英"这个词,英文名为 elite,是一个相当高层次的名词,但在国内后来用的人很少,怕有别的含义。但在我这里,仍取其一般意义,即高素质的、第一流的人才。我这里谈"精英管理"不是说让精英去管理大学,而是管理大学中的日常行政事务,也就是说,对大学发展的重大决策性问题仍然应由校长和教授评议会去解决问题，这也符合我之前所提出的"教授治校"原则。在我的概念里，"治"和"管"是两个截然不同的概念，所谓"治校"，就是大学的发展决策权的问题，这一点毫无疑问应当在教授的手里；但决策之后的大量落实工作，总不可能由教授自己"身体力行"吧？所以这就需要"管理"了，这里的"管理"概念，是由精英人才对大量的日常性、落实性的大学行政事务进行处理和管理，诸如会议安排、后勤保障、图书设备等等。其实这种大量的事务性工作别人也能做，为什么要强调由"精英"来进行管理？因为，在我看来，中国大学难以发展的重大"瓶颈"，就在"管理"，人浮于事、大锅饭、小金库等等，效率甚低，各种行政部门不但不为"教授治学"服务，反而高高在上，不但无法助益于学术发展，反而成为制约和障碍。这种状况不改变，中国大学发展无望。而要改变这种情况，体制固然是根本原因，解决问题的另一个途径，则无论如何要从人才着手，故我强调"精英管理"，人可少而精，关键是转变意识、提高效率。既为"精英"，首先是在思想上的与众不同，要求他们有对大学发展的理念，有对教授治学的认识，这样才能有"精英管理"服务于"教授治学"的理解，这种思想只能求认识境界不同，谈转变或改变其实是很困难的事。故此强调"精英管理"，实际上是要彻底改变目前大学管理系统。

以区区"教授治学"和"精英管理"的雕虫小技就想彻底改变目前大学里的政学分离状况，其实是坐井观天的一种遐想。因为这种转变过程，从原理上讲并不困难，改弦更张就是了。但究其实际，却困难重重。因为这其实意味着一种利益的重组，大学毕竟是有着历史的传统和包袱的,这种"精英管理"意味着原有人马的失业或失利。就此一点,即足以使改革下马。所以,任何一种突破和超越,都意味着反复的斗争和较量,即便是校长在自己的大学里,想实现自己的理念也并不容易。不过"想"总比"不想"要好,世界总是在"思考"中不断走向进步的。

但过渡的办法也并非没有,国外大学设立"行政事务长官"的做法其实值得参考。即校长少问行政,自有行政长官负责处理,这和国内大学以前设立"三长"有相同处,但也不尽然,毕竟就大学而言,行政完全是辅助功用,其地位应当是服务于学术研究,只有在这种前提下"教授治学"与"精英管理"才能相得益彰、各尽其所、各取所需。否则"精英"不甘寂寞,行政之外,还想参政,外行领导内行,精英指挥教授,这种做法则适得其反了。所以,就此而言,校长的平衡作用意义重大,谁主谁次,名分早定,在治学与管理之间善握其度,则能使之各就其位,"教授治学"与"精英管理"也才能如同规划所预期,发挥相互间的最大合力。

八、大学理念与学术独立

我认为,当前中国大学发展最要命的问题是,校长不成其为校长。在我看来,一个合格的大学校长,首先需要具备自己独立的大学理念。但遗憾的是,恐怕拥有此点者寥寥可数。似乎,现在当校长,最重要的是理财的能力,处理与各方面关系的背景,还有,当然他最好拥有院士之类公认的学术头衔和地位……恕我直言,不是这些因子不重要,但只是考虑这些,实在是舍本逐末、南辕北辙,大学校长唯一的也是最重要的标准就是——他是否具备独立的"大学理念"。

那么什么是"大学理念"?在我看来,所谓大学理念不外乎是对于大学的理想和信念。用更直接的话来说,对于大学有些什么样的基本认识,对于大学未来的发展有什么样的基本规划和理想。作为一个大学校长,连这样基本的做计划和画蓝图的本领都没有,那还真的是"不如回家种红薯"去。

而这"大学理念"中的最核心的一条当然就是"学术独立"。这学术独立的名词近来被人用得也够滥了,我将它分为内外两层含义。第一层当然就是指相对于政治而言的学术独立,所谓外抗强权干涉、内倡思想自由,蔡元培所苦力维持的"学术独立"不外乎此两项要点。也就是力抗外界试图干预、控制大学的任何力量,保持作为学术殿堂的大学的"独立性"和"尊严",排除一切可能之干扰,以营建"安全岛"并发展学术、造育人才。教授的意见与精神固然重要,但作为大学整体而言,校长无疑应当在此点上承担更多的责任。因为个人的学术风骨和"兼容并蓄"诚然能获欢呼于一时,但大学的发展必然还有更多的实际操作因素,学者可以只是标榜学术、清谈风骨,校长却必须在与各种势力的周旋中,既确保真正的大学精神,又维持大学的生存与发展。陈平原先生谈蔡校长在北洋军阀时期如何执掌北大,对内则运筹帷幄、以"兼容并包"之策略大度包容;对外则标举"学术独立",奋战强敌而不稍退,以争得北大学术上之独立地位,当可为此层含义之最好注脚。贺麟的这一段话,也是最好的总结:"最易而且最常侵犯学术独立自由的最大力量,当推政治。政治力量一侵犯了学术的独立自主,则政治便陷于专制,反民主。所以保持学术的独立自由,不单是保持学术的净洁,同时在政治上也就保持了民主。政府之尊重学术,亦不啻尊重民主。"[①]

第二层含义则要超越大学本身来理解,学术虽然独立于政治,但有时也与国家、民族息息相关,它毕竟代表了一个国家发

---

① 贺麟:《学术与政治》,载《文化与人生》,北京:商务印书馆,1988年,第246页。

展的理性境界,所以求在世界学术殿堂内本国学术之登堂入室,与异国同人并座论道,才为真正的"学术独立"。前者要的是学人风骨与高标气节、后者要的则是学者治学之严谨精神和不懈努力,拿出真东西来。胡适所概括的"学术独立"四个条件基本包括了这层含义:

(一) 世界现代学术的基本训练,中国自己应该有大学可以充分担负,不必向国外去寻求。

(二) 受了基本训练的人才,在国内应该有设备够用与师资良好的地方,可以继续做专门的科学研究。

(三) 本国需要解决的科学问题、工业问题、医药与公共卫生问题、国防工业问题等等,在国内都应该有适宜的专门人才与研究机构可以帮助社会国家寻求得解决。

(四) 对于现代世界的学术,本国的学人与研究机关应该能和世界各国的学人与研究机关分工合作,共同担负人类与学术进展的责任。①

胡适

胡适在这里没有提到学术与政治的关系,更关心的是学术本身的独立和在世界学术框架中的独立,后者则与罗家伦的观点不谋而合,罗氏认为:

---

① 胡适:《争取学术独立的十年计划》,载杨东平编《大学精神》,沈阳:辽海出版社,2000年,第188—189页。

"要国家在国际间有独立自由平等的地位,必须中国的学术在国际间也有独立自由平等的地位。"① 虽然胡适只字未提到"经世致用",但其字里行间却不乏"学者的人间情怀",如果我们的学术不能解决"本国需要解决的科学问题、工业问题、医药与公共卫生问题、国防工业问题等等",又如何能"担负人类与学术进展的责任"呢?

我以为将胡适与贺麟的观点相合并,则恰恰构成"学术独立"的内外含义,对外要独立于政治干涉,对内则要有成为学术的基本实力和研究水平,在世界学术框架中要有自己的独立的地位。强调"学术独立"于大学理念中的核心地位,其意义不外乎一则维护学术于国家社会发展中之特殊地位,力图在学理上保障其不受外力之侵害;二则希望学术能在国家社会之发展起到其应有之作用,虽然是理性的、不受外力干扰的,但终究国家盛衰、学术有责焉,希望学术能标举风骨,外则争我民族在世界上之地位,内则树立社会国人之精神灯塔。而这一切,其根源则不可只归结于大学校长之"理念",如果一个校长只知惟命是从、没有独立精神、没有自由思想,那又如何能外抗强权、内树风气?那又如何可能形成自己的"大学理念"?那也就不会有自由发展、兼容并蓄之大学。所以我们前面所谈到的"思想自由与兼容并蓄"、"通识教育与高深研究"、"教授治学与精英管理"诸条都是建构"大学理念"的支柱所在,而作为其核心的"学术独立"则尤为意义深远。如果后人在评述今日的大学史时,不再有如今天

---

① 罗家伦:《学术独立与新清华》,载杨东平编《大学精神》,沈阳:辽海出版社,2000年,第344页。

哀叹的只见"大学校长",不觉"大学理念",则大学幸哉,国家幸哉!

九、人格之养成

在某种意义上说,学生亦是大学的主人,但相对教授终身以大学为栖息之所而言,学生毕竟在大学里居留时间有限,流动了就难以真有主人的特点。不过,我仍然赞同学子在大学期间要有做主人的态度。而这主人态度的第一要义就是在于求自我"人格之养成"。而在我看来,进入大学的主要任务无非就是养成人格,舍此无大事。这种论调,当然可能在今日会被认为是"奇谈怪论"或"异端邪说",但就经验而言,我倒认为这可真是"至理名言"。

大学四年,如飞鸿踏雪,其实快得很。学些什么,取些什么,非常重要。人的精力毕竟有限,必须目标明确,思路清楚,这样才能获得你所想要获得的东西。但问题则在于,刚入校的大学生,恐怕并不明白自己究竟想要些什么。这诚然是我们教育的失败,但却也是目前不得不面对的现实。故此,在这里不妨稍做申述，希望对青年学子有所裨益。其实，在我看来，不管是学生，还是一般的常人，最根本的东西都是一样的，因为大家都是"人"，既然是"人"，最根本的，还是要学会"做人"。也就是说，即便是进入了大学，学生的任务也是很清楚的，就是要修养自身、学会做人。用稍微雅致的语言来表达，即"养成人格"。其余的东西，包括上课修学、文体活动、获得文凭都是表面的、外在的东西，惟有"养成人格"是最根本性的、会终身受益的东西。

按照道理，"养成人格"不应该从大学才开始。但是，处于中国现代的背景下，多半是不太可能将这任务交给中学甚至小学老师的；而作为小学生、中学生，升学压力还难以应付，在没有合适的师者的指点下，又如何能够达成"人格之养成"。所以，在当代背景下，给大学生谈开初的"养成人格"并非没有必要。

那么，大家可能要问，这"养成"之后的"人格"究竟又是一个什么东西呢？它就真的那么重要吗？重要与否，不用我多言，日后人生路上自有感悟。关键是"人格养成"之后的问题，我也无法回答出来。不过，在我看来，"人格之养成"对于个体来说，意味着从幼稚走向成熟，意味着个体人生观、世界观的逐渐成型，意味着个体独特方法论的逐步形成，意味着个体衡量价值标准体系的逐步构建，当然，也意味着"世事洞明皆学问，人情练达即文章"。

那么"人格之养成"的途径又有哪些呢？其实，不外乎求学、思考、实践而已。这六个字要分三个层面来讲。"求学"尤其重要，这里的求学，并不是简单的上课听讲，专业的课程其实大多书本上都有，关键要利用课程、讲座尽可能猎取书本不易得到的东西，诸如名家教授、青年学者的讲座、讨论，不妨旁听之；再有，不必以专业为限，感兴趣的东西都不妨去了解之，途径则不必强求一律，或读书、或听讲、或交游。当然，求学的核心，还在于要读书，在我看来，"读书数遍，精髓自现"、"读书万卷，人格自见"。读书是求学的重要手段，而读书、求学尤其需要与思考相结合，能从平实中见不平常，善于概括总结，善于去掌握方法，并形成自己独特的方法论和思想上的基本观念。这种观念的初步出现，意味着你对原有自我的开始超越，这时一定不能浅尝辄止，而是要顺藤摸瓜，不妨深入思考，进行归纳总结，尽量使得一些萌芽状态的东西得以成型。再印证以实践的努力，则求学、思考、实践可以融会贯通，形成一个有机的整体，其目的则一，在于求得"人格之养成"。

如果在大学求学的生活，你能够感觉初步收获了这些，那么就应当算是一次成功的大学生活。而如果相反，在大学毕业的时候，你还对社会、生活、生命仍然茫然无绪、无从着手，那可就是最大的失误。困难、困惑甚至彷徨，始终会存在，即便"人格"已然"养成"，这些问题也不可能避免，该遭遇的仍然不得不面对，但可贵的是，一旦"人格"养成，即便面临天大的难事，你也可以从容应对，因为你有自己的人生观选择、你有自己的价值观标准、你也有了自己的方法论武器，那么，在人生路上，你即便遇上坎坷艰辛、荆棘丛丛，又何以忧呢？

所以，希望学子"养成人格"，实在是希望大家能掌握"前行的方法"，知识永无止境，事业永无尽头，任何"手把手地教"

都不可能穷尽所有问题,所以不在于给出答案本身,而在于找到得出答案的方法。"养成人格"就是在人生道路上获得"钥匙"的最好方法。至于如何达到"人格养成"的境界,从来就没有一条现成道路,而且每个人气质不同、思想各异,也不可能有一个统一的标准,重要的是"路在脚下",只有通过自己的努力寻找所得到的,才永远属于自己。而大学的生活与学习,上课听讲、教授指导、参与社会、努力实践、接触爱情、承受磨砺……所有这一切,都是青春花季应当经历、应当珍惜的生命历程,但却不妨心中有一根弦,这大学时代,最重要的是什么呢?一个青年学子在此最应当收获的是什么呢?如何才能为未来的事业理想奠定最坚实的基础呢?"人格之养成"作为学子追求的一个阶段性目标实在重要。

当然,需要加以说明的是,其实就"人格修养"而论,也是一项无止境的事业,个体的进步应当在不断高要求中进行,所谓"高山仰止,景行行止,虽不能至,心向往之",所描述的就是"道德修养"之境界。故此,对学子所言的"养成人格"最多不过是"人格之初步养成"而已,"道德修养"的境界是接着需要努力的方向,只不过,在我看来,最重要的当然还是先迈出这第一步。

十、意志之自由

　　这句话乍看觉得"风马牛不相及",细一思之,原来还是有道理的。青年之为青年,就在于他朝气蓬勃、无所畏惧的那种精神,说到底,就是一种自由的意志,而这自由的意志又是青年学子最为可贵的东西。所以这是唯一在大学里需要深自珍藏、惟恐遗失的东西。

　　时代在发展、社会在进步,而其中最可贵的力量,就在于青年。作为青年中的佼佼者,大学生自然处于时代之潮尖的位置。故此,既当珍惜此种不易得来的地位,也应发挥这种位置的作用。而所有这一切,固然应当建立在"广学博览"的基础之上,但亦尤不可忽略自己"自由之意志"。

　　卢梭慨叹说:"人生而自由,却又无往而不在枷锁之中。"确实,自由是人的理想境界,在现实社会中真正能实现它却又是那么的不容易。但,正因为如此,保持个体"意志之自由"才益发显出其可贵。在我看来,意志自由大致包含了三个层面的含义。其一,排斥、反对一切外在权力、势力的企图奴役和支配;其二,坚持自我的自由思想、独立精神,做自己的主人;其三,一种相对于心灵的解放,使自己处于一种自由无羁的精神境界。这三层含义其实是层层推进,真的能够把握其实并不容易。

第一层意义不难理解,也是"意志自由"的根本着力点。如果为外力所奴役、所支配,屈服于权力、势力,那么别说"意志自由",就连基本的人身自由也无从谈起了,所以强调个体"意志之自由",看似不过对一种精神境界的向往,其实蕴涵深处则首先是一种敢于"抗争"的精神,要知道,从来没有从天上掉下来的馅饼,也从来没有现成的幸福,只有通过自身的不懈努力,我们才可能通向自由的境界。作为青年学子来说,对外力的强迫可能自然会产生"抗拒"心理,坚持"抗争";而对温力的诱惑,却恐怕尚缺乏鉴别力。大学时代,青年学子各方面都是在走向成熟的时期,人生观、世界观有待形成、方法论有待构建、人格更有待逐步养成,面对课堂、面对教授、面对家长、面对同学,有青春的友谊、有激情的讨论、有观点的辩难,而即便是在这充满欢乐的气氛中,其实不乏温力的"陷阱",所以此时尤其不要忘却"意志之自由",也就是说不要忘却"有我"。

这就转到第二层含义上来了,"有我"的境界其实很重要,具体言之,也就是说要有自己的独立精神、自由思想。这一点,陈寅恪先生撰于20世纪50年代的《给科学院的答复》做了很好的诠释:"……我认为研究学术,最主要的是要具有自由的意志和独立的精神。所以我说'士之读书治学,盖将以脱心志于俗谛之桎梏'。'俗谛'在当时即指三民主义而言。必须脱掉'俗谛之桎梏',真理才能发挥,受'俗谛之桎梏',没有自由思想,没有独立精神,即不能发扬真理,即不能研究学术。"讲的虽是学术,其实治学做人,其事虽不同,理则一也。强调"意志之自由"实在是认同就个体而言,独立精神、自由思想是最重要的东西。陈寅恪先生强调"惟此独立之精神,自由

陈寅恪

之思想,历千万祀,与天壤而同久,共三光而永光",并进一步指出:"思想而不自由,毋宁死耳。斯古今仁圣所同殉之精义,其岂庸鄙之敢望。"①

不过在我看来,陈先生此番言论,以学人文弱之身,而出此悲壮之语,虽慷慨之气令人向往,壮烈之心使人敬佩,但就做人的境界而言,似乎略少了一份心灵自由、自由而至无羁的洒脱和温润。陈先生是我最敬重的学人,不敢稍有不敬,只是我以为本着实事求是的精神,略陈述自己的观点。"意志之自由"的第一层意义就是抵抗强权,其实陈先生在做的,固然是强调独立精神、自由思想,但其深意仍在抵抗政治对于学术之侵蚀。可如果"意志之自由"仅停留在这种层次的境界上,窃以为是不够的,

---

① 陆键东:《陈寅恪的最后二十年》,北京:三联书店,1995年,第111页,"惟此独立之精神,自由之思想,历千万祀,与天壤而同久,共三光而永光"一段与别处引文略有出入,从《陈寅恪学术文化随笔》9页,《学人魂陈寅恪传》108页。

我们还需要一种心灵的自由，一种体任自然的无羁状态。当然，这样描述，并不是要走到"自由化"或"自由主义"的状态中去，而是一种可以体验、却难以言传的精神境界。"抗暴"、"有我"只是一种过程和经历，"自由"与"无羁"才是"意志之自由"的归属所在。所以，青年学子在注重"人格之养成"的过程中，不妨特别用心于"意志之自由"的涵泳体会，因为其实在此上所达到的境界也与"养成"的"人格"息息相关。

十一、学统之延续

其实,"学统之延续"是两代人的事情,既是教授的责任,又是学生的使命。但之所以放在学生篇中论述,实在是在我看来,"学统"的问题贵在要能"延续",而这主人的态度自然是应由学生来承担。所以就"学统延续"之命题而言,教授为辅,学生为主。故此,学生所承担的使命其实非轻。

问题的核心则在于,"学统"为何?其实,所谓"学统",就是"学术传统"的简称。夏中义先生撰《九谒先哲书》,籍寻觅清华薪火的百年明灭,为"盗墓暨招魂"之举,用心良苦,实在于"辨章学术、考镜源流",说是借"梳理学统"以"找寻方向"恐怕也不为过。夏氏在《谒梁启超书》中将现代"学统"做了一番梳理归纳,描述为:学术本位、思想独立、科学归纳与朴学文体。其学生将之进一步明确为学统之魂、学统之本、学统之技与学统之相①。并从而明确与近年来研究学术史颇引人注目的北大教授陈平原先生的研究区分开来，称二者"既有交叉部分，又有各自的色泽"，自己"重在考量'学人活法'即'学魂'在百年学术史上的现代演化"②。应该说，夏氏总结的"现代学统"的几个要素，其实值得探讨。不过，我在这里，其实更要特别强调的则为"学统之魂"。

"学术者，天下之公器"，我们敬重学人，仰慕真正的学者，因为他们"将生命和学术联系在一起，在时代文化转型的风云中直面人生苦难，体验着生存深渊并敢于进入深渊揭底"，他们"以真血性、真情怀去担当一个世纪的苦难并开出新境界"③。这种学人境界，真是让人"虽不能至，心向往之"。对于青年学子来说，如果能受到这种精神的些许感动和影响，则"言传身教"又远胜过"空洞说教"之本身。

夏氏"从1997年开始系统思考'学统'命题"④，并函谒九贤，成书一册，用心良苦，功不可没。他所提出的一系列问题，也正是当前学界应当思考或正在思考的重要问题，如"我必须对自己有个说法，弄清楚为何要当学人？若铁心直行此道，则应该怎样活，才无愧为一个纯正的学人？……"⑤ 此书副题为"写给二十一世纪中国学术的黎明通知书"，其意在追溯历史、着眼当下，不言自明。而我以为夏氏之初衷或首先在于清理自家思路，

---

① 夏中义：《九谒先哲书》，上海：上海文化出版社，2000年，第460页。
② 同①，第461页。
③ 王岳川：《总序》，载洪晓斌编：《丁文江学术文化随笔》，北京：中国青年出版社，2000年，第5页。
④ 同①，第451页。
⑤ 同①，第451页。

但其纸背之意,其实是在自觉地"延续学统",梳理前贤思路、是既盗墓又招魂之"继承";而谦称"至于说,我是否想在学术思想史扮演承上启下之角色,实现当年陈寅恪曾有过的'韩愈情结',我坦白,不敢"①。其实言行不一,作为学人,希望能通过己身"延续"此学统本是分内之事,即便是有些"韩愈情结",只要不妄自尊大,又有何不可?

中国士人有着太多的"入仕"情结,对待"道统"与"学统"的界限实在不善把握,理解学术、维护学术尊严,实在需要"追问学魂、重构学统",在这方面,应该说,夏氏做了一件好事。而在某种意义说,"延续学统",学人有责,而学生之使命则更大焉。因为"学统之延续"分为两部分,一则须"延",学人已当其任,其更重要的则要能够为后人所"续",这个接受的主体正是作为青年学子的学生。故此,理解学术、尊重学魂,并进而使学统得以延续,则学生责任莫大、功劳莫大。

为什么要延续学统?尤其是作为学生而言,有的将来可能选择学术为业,迈向学人行列;但更多的学子恐怕更会走向社会的广阔天地,与学术擦肩而过,要求他们也去延续学统,是否过分?

其实,在我看来,学统之为学统,早已超越了作为"学术"的部分,学魂之为学魂,也早就意味着民族魂、国家魄,是象征着国家民族的"独立精神、自由思想"的东西。我早就一再强调,大学虽然应倡导一种学术独立、包容大度之氛围,保障学人

---

① 夏中义:《九谒先哲书》,上海:上海文化出版社,2000年,第466页。

作为个体的意志之自由，但在实际上并不能拒绝外人将大学看做国家民族发展的某种程度的标志。所以，大学作为象牙塔，似乎孤独寂寞，而其关系实际重大。尊重学人，理解学魂，延续学统，就意味着对国家、对民族、对社会的热爱，这比所有抽象的大道理都要实际得多，实用得多。而个体也可以在这对"学统"的自觉之延续过程中，训练自己的"自由意志"、"人格养成"，这本是相辅相成、不可两分之过程。

也就是说，延续学统对于立志选择学术、成为学人的青年学子而言固然是本分内事，应当做出思考、做出选择，如何既能"延续"，又可"发扬"，做"学统"的继承人；即便是对于那些可能是学术过客的大学生，同样不可漠视"学统"。亲近"学统"、触摸"学魂"，同样是一种自我磨砺的过程，且不说是走向社会、报效国家的需要，即便是达到"意志之自由"、"人格之养成"的境界，这也是一种经验的必需。故此，学统之延续，貌似仅关乎"学"，其实"生民社稷"尽在其中，关系重大，学生之责亦大焉！

十二、社会之责任

这句话,虽然可能有空洞、虚假的讥讽,但仍然不能不提。因为毕竟学生作为国家的未来、民族的后代,真是社会的希望所在,所以强调学子之"社会责任"事关重大,不可含糊其词。

陈平原先生撰《学者的人间情怀》,一方面希望"不是去当'国师',不是'不出如苍生何',不是因为真有治国方略才议政",但另一方面所强调的还是"'有情'、'不忍',基于道德良心不能不开口",这正说明了学人对于社会发展的责任感,表达出一个学人可敬的"人间情怀"。在我看来,这种"人间情怀"尤其是将为国家主人、将为学人后继的青年学子所应当再三体会的。

不想再谈什么国家、民族之类的宏大叙事,但"社会之发展"倒确实是和每个公民息息相关。我以为,对青年学子而言,这个问题其实是真正值得关注的大问题。其实,人类社会发展到今天，最为实际的就是社会本身的前进，这代表了一种努力的可能，人类社会终极理想、或曰大同实现之可能。所以从这个意义上讲，希望学子能自觉明辨自身所担负的社会责任并勇于承担之，实关系不仅于民族、国家本身。

而在中国当前所处的社会背景之下，强调"社会之责任"，则更是"空穴来风"，其必要性尤为呈现。市场经济的运行，不一定就必然导致物欲横流、拜金主义、本位主义，但在中国当前的社会里，确实出现了这一系列不容乐观的现象。个体自我中心至上，一切以自我利益为中心，经济价值似乎成为了唯一衡量的标准、道德观念薄弱，以至于老人慨叹"人心不古、世风日下"。其中成因自然值得从诸多方面进行探讨，但在我看来，更重要的还是如何挽救的问题，一个道德败落、风气颓丧的社会，绝不是一个好的兆头，古罗马败亡之速就是一个最好的例证。从这个角度特别强调青年学子的"社会责任"意识，可谓对国家社会之长远发展"性命攸关"。这种"社会责任"可以分为三层来理解。

第一是发言意识。所谓"有情"、所谓"不忍"，所谓"基于道德良心不能不开口"，都是一种发言意识，对社会的发展、社会的事情、社会的变革首先要有一种参与的态度，这种参与的第一步除了关注社会进程之外，就是"发言"。这种"发言"可以表现为参与社区活动、也可表现为公众场合的议论，当然作为学人，最出色当行的方法是在公共媒体发表意见。但关键是要有此"发言意识"，身为这社会的一分子、一个成员，不发表言论，不参与意见，如何能体现自己的责任意识？

第二是抗争意识。应该说，能够发言，就已经迈出了可贵的一步，但仅是发言显然是不够的，社会也绝不会因为"发言"本身就会自动向前进，但至少"发言"是会起到其舆论的作用的。这里用的是"抗争"而非"斗争"，是指在法律框架下为社会、为民众争权益。在一个社会中，总是善恶同在、良莠并存，"林子大了什么鸟儿都有"，这种事实本身并不足为奇，但如果对邪恶势力听之任之、袖手旁观，甚至是"事不关己、高高挂起"，这就会助长歪风，形成"魔高一丈"的后果。最后对社会形成巨大危害，而对个体自己也"贻害无穷"。所以在这种情况下，要敢于"抗争"，而一旦社会形成这种"正气鼎盛"的风气，自然就可以起到"邪不压正"的作用。

第三是建设意识。社会的发展最终依靠的还是"建设"，而非"抗争"，但"抗争"作为保证"建设"得以顺利进行的手段，又是必不可少的。而就社会发展本身而论，还是应以"建设"为本。所以，不妨多树立为社会发展多做"建设性"贡献的想法。"建设"工作本身有多种形式，总之应当以社会的稳定与发展、民众的生活与公益为原则。在此原则上，多行善举，功莫大焉。

以上三层含义，归根结底，是"主人意识"，是要求青年学子有做社会主人的态度，有积极的入世态度，为社会的稳定、发展和进步尽到努力。一方面，我们个体的发展、家庭的和谐，自然有助于社会的稳定和进步，在这个意义上说，先修身齐家再达到社会安定发展，非常必要，故强调要达成"个人之修养"；但另一方面，只有当我们身处、生活的社会得到发展、得到进步，那才会真正有益于每个个体和家庭，使个体能够发展，家庭得到幸福。所以，就此而言，在当前物欲横流、拜金主义、人心不古的时代背景下，青年学子树立"主人意识"、不忘"社会责任"，自然是扭转社会风气的一大关键所在。而我们在此，面对作为未来精英的青年学子高谈对于"社会之责任"，当不属于"高谈理论"、"曲高和寡"之类了。故此，社会责任之承担、社会风气之扭转，青年学子责亦在肩矣！未出校门，而承受责任如此之多，心必惶然。不过，"化压力为动力"向来是最好的方法，满目大好河山，正可中流击楫，指点江山、激扬文字之后，更重要的是如何沉潜下来，修养身心、博览群书，以待走向社会的风霜磨砺。

大度问学——大学论小结

议论大学本非我本分中事,只是在我心目中,一直以大学为精神之殿堂,曾有顶礼膜拜之心,然而放诸现实,与理想之间冲突太大,乃忍不住发为议论,一来描述自己的大学理想,二来也是为了促使自己的思考,而最根本的目的还是为了找寻自己前进的方向。人是这样的,在前进的路上,他总是会感到迷惘,这种彷徨,不是先天的,而是在走路的过程中逐渐产生的,所以它是不可能通过某一名师或自己一时的努力而得到解答的,所以困惑终究难免,不过好的一点就是,这正说明了你是在路上的,你没有止足不前。但从另一个方面来讲,个体确实也是老在困顿之中,因为似乎没有现成的答案和路向在等着你,你必须不断前行,不断摸索,摸索然后前行,然后又停下,甚至倒退,再摸索,再前行,就是这样一个不断往复的过程。然而既然选择了思考和求学,那就不必后悔。毕竟,自己可以 enjoy it。

而我这一阶段思考的结果就是：大度问学。其实，个体是在不断求学的过程中，人类也是。人类的文明发展到今天，可谓灿烂之极，但人类还是在往前走，还是不断有新文明新文化的产生和发展。所以，个体也是这样。这就没有什么可以置疑的了，只有在前行中，才能不断感受到人生命的意义。而我近来的感悟是，这种前行，有一个最根本的基础和要点，那就是应当有一种"大度问学"的心态。这也是我这段思考大学问题得出的一个初步结论。学问之道，其实并无止境，所谓"高山仰止，景行行止，虽不能至，心向往之"，这是说对人的品德高洁的崇敬之情，但用来说学问，也同样很恰当，学海无涯，只有不断求知探索，才是正确之道。大学之道对个体而言就是：大度问学。而这一点不管是对学生，还是对教授，甚至对校长，都是适用的。只有把精神上的宽容包含和学理上的精益求精相结合，我们才会体验到真正的"大学之道"！

就我个人来说，我以为在我，一定是毕生之学问，这就意味着必然要选择"大度问学"为人生的箴言。因为，在我看来，一是从客观上看，"学海无涯"本身就决定了知识的无限性和真理的不可穷尽性，既然选择了学人的生涯、学术的职业，就应当遵循前人"尔生也有涯，尔知也无涯"的古训，以探研学问、追索真理为生命之追求和意义；二是就主观而言，对于学问一直充满了好奇和兴趣，而窃以为"学问"的根本不外乎"学"、"问"二字。所谓"学"，就是学习本身，不学无术，只有不断学习，才能获取知识，这是谈"学问"之根本；而"问"，则意味着学业的长进，意味着学习之后要思考，如果只知道机械地灌输书本的知识，那是"死读书"，非真正的学问之道。所以，"学"为根基、"问"可长进，在于将读书和思考有机地结合起来。但仅如此，还很难达到"高明"的境界，学问之高明其实不在学问本身，而在"道德学问"的"道德"二字之上，也就是说要有"大度包容"的风襟，能将"胸怀大度"与"求学问道"二者融会贯通，然后体任自然，运用自如。随着对学问之道的不断探究，我越来越觉得学问决非仅仅是"学"与"问"而已，也不仅仅是求知识、善思考，真正的大学问家，往往是人格上的典范，首先是一个大写的"人"，然后才是博大的"学"。所以，要想真正实现问学的目的，还是要回到"大度包容"的风格的探讨。不但要学，不但要问，还要能大度，能站在一个很高的层次上去问学，去思考。这就意味着，要避免教授成为学问大敌的障碍，也要绕过成名成家、开宗立派的陷阱，关键还是要立定人格、"明道德"然后"致学问"，"致学问"不忘"明道德"。能如此，则"道德"与"学问"方可相得益彰，和谐统一，否则"红而不专"或"专而不红"其实都背离"大学之道"。

具体言之，"道德学问"应是"大学之道"的根本标准，"明道德"而"致学问"，或者说"致学问"后"明道德"，其先后关系并不重要，因为求知本就有先后之分，关键是大家能殊途同归，真理本一。而"大度问学"不管在教授，还是学生，都应是一条基本准则。作为大学学术主体的教授虽然掌握了暂时的学术标准，是考官，但不应当为维护自己的所谓权威地位，而漠视学术本身的规律，至于要将学问越变越专门，而使懂得的人越少，能批评的人越少，使大家莫名其妙，他自己超凡入圣的做法则自然更会遭到鄙弃。而正相反，那些以"学术为天下之公器"的学者，敢于直面自己的失误和不足，反而更易博得学生的尊敬；而作为大学学习主体的学生，也应谨记"学术为天下之公器"的说法，只以学术本身为行为的准则，善于学习，更敢于问学，即便是挑战权威，也无所畏惧。所谓"弟子不必不如师，师不必贤于弟子"也，能如此，则学术有望，大学有望。一再强调"大度"然后"问学"，"问学"之后要懂"大度"，说的就是这个道理，其实不管是学人之间，还是师生之间，能够不问尊卑，不分老幼，不论贵贱，以学术为尺度，以科学为标准，以真理为公理，则学术之进步、大学之发展、社会之前进、国家之兴盛，皆指日可待矣。

"大度问学"还意味着不管是当助教，还是当教授，无论是少年意气，还是成为长者，都有正视自己的勇气，能不卑不亢、能守学人淡泊风骨、能承学术平等之事实，善待批评、虚心求学，这才是"大度问学"的真意所在。在青年的我，说出这番话不难，希望入老境的我，也能重读此文而不汗颜。其与志学诸君共勉之。大学固然是一集体组织，但其区别于其他组织而为人所向往的原因，也无非它是"求学问学"、"探研学术"、"追索真理"之所在，归根结底首先是很个人化的行为，然后才聚集成一种集体的概念。所以探讨作为一种学习组织的"大学之道"，其根基则还在个性化"大度问学"，呼应开篇，希望不算是离题万里。

第二辑：德国大学

现代留德学人视野中的德国大学

探讨留学德国的命题,实际上不可避免的是德国大学的大学精神,因为学者求学之地自然是德国大学,而构建大学精神的自

柏林大学

然还是生存在其中的人，教授与老师。探讨留学德国与中国现代学术建立的关系，其实留学只不过是一种手段，所接受影响的还是要渊源自大学中的教授与精神。故此一命题，是无论如何不应该逃脱的，否则失去真义了。

"大学精神"之认识与表彰对于中国未来大学之发展可谓"生死攸关"，我以为至少应当包含"兼容并蓄与学术独立"、"养成人格与自由意志"、"保持张力与典范意义"等三条六点，分别对为大学主体的校方、学生、教员各有侧重①。探讨德国大学，这几点也同样不可轻忽。

在我看来，大学之所以为大学，之所以能以大名之，至少应包括三样要素：大学精神、大学制度、大学人物（这一名称待商榷，或可名之为大学者，主要是指那些能代表此大学的学者、校长，甚至学生）。蔡元培的北大之所以名垂青史、典范后世，就是因为这几个要素配备圆满，大学精神如"思想自由、兼容并包"，大学制度是"学术独立、教授治校"，大学人物有学者如陈独秀、胡适之、鲁迅、周作人、辜鸿铭，当然不能忘记运筹帷幄的蔡校长，还有能学术、能管理的人物如蒋梦麟等。

谈德国的大学，其实也可以按这三个要素去探讨。本文围绕几个留德学人个案眼中的大学来探讨，否则过于泛泛，反而不得要领。即蔡元培之于莱比锡大学、陈寅恪之于柏林大学、冯至之于海德堡大学、季羡林之于哥廷根大学，这几个大学即便是在德国大学史上也算是历史悠久，就不要说和中国的百年大学史相比

---

① 参见叶隽《大学精神何处寻——读〈北大精神及其他〉》，载《博览群书》2000年第8期，第12页。

了;另外德国大学实力素来较为均衡,不像美国那样悬殊,垃圾大学的概念也甚少,所以研讨个案,可以有相当程度的整体性。这四所大学之中,海德堡大学是德国历史上最古老的大学,柏林大学则在洪堡改革后一度成为世界现代大学的典范和中心,莱比锡大学、哥廷根大学亦均是东西部有着悠久传统之名的大学。

一时之人物,一时之风景,其实大学之大,不在大楼大厦,而在学人也。也就是我这里所称人物之大。季羡林曾经回忆他的老师西克教授的一件小事:"他的夫人告诉我,炮弹爆炸时,他正伏案读有关吐火罗文的书籍,窗子上的玻璃全被炸碎,玻璃片落满了一桌子,他奇迹般地竟然没有受到任何一点伤。我听了以后,真不禁后怕起来了。然而对这一位把研读吐火罗文置于生命之上的老人,我的崇敬之情在内心里像大海波涛一样汹涌起来。西克先生的个人成就,德国学者的辉煌成就,难道是没有原因的吗?从这一件小事中我们可以学到多少东西呢?"① 这样将某一学者的行为方式、精神风范与德国学术相联系的并不只是季羡林一人,张维②称自己"所受益的德国学术思想和治学精神在很大程度上是从我直接接触的老师那里获得的"③,耳提面命,确实是熏陶精神的一种良径。张维说他"受益最大的德国学者"是其专

---

① 季羡林:《留德十年》,北京:东方出版社,1992年,第100页。
② 张维曾留学英国、德国,博士。1937年赴英国伦敦帝国理工学院留学,次年获工学博士学位后,去德国柏林高等工业学校土木工程系学习,1942年获工学博士学位。曾任清华大学副校长、深圳大学校长等,中国科学院、中国工程院院士,还是中国力学会、中国土木工程学会副理事长、德国工程师学会会员、瑞典皇家工程学院外籍院士等。参见周棉主编:《中国留学生大辞典》,南京:南京大学出版社,1999年,第211—212页;张维:《留德八年》,载《欧美同学会会刊》1999年第3期,第34页。
③ 张维:《留德八年》,载《欧美同学会会刊》1999年第3期,第32页。

导师 Friedrich Toelke 教授,他的方法是什么呢?

他对研究生的指导是放手让研究生自己去做。每隔三四周见一次面,听他们汇报这段时间的工作进展和想法,然后加以指点。研究生要自己找参考书,想研究方法,听补充课程,他认为这样培养出的人才具有独立的、创造性的解决问题的能力。①

对学生严格要求,更重要的是使学生自己成为学习的主人,积极主动地去解决问题,甚至是去发现问题。后者似乎更进一步,张维的第二位导师 Franz Dischinger 教授"连博士生论文的题目都要自己去选",这位教授老是说:"我这里不开博士工厂。不管出论文题。"在他这里,学生的主观能动性被发挥得淋漓尽致,因为只要"谁有了研究成果,写成论文,可以呈送给他,请求答辩"。

可这两位还不算对张维影响至深的德国学者,他自己说"给我影响更多的是葛廷根②大学的 Ludwig Prandtl 教授和 Robert Pohl 教授",其中 Pohl 教授"常在课堂上表演各种物理现象,使学生从思想上重视观察自然现象,为日后的学习和研究工作打下坚实的基础",而对其影响极大的 Prandtl 教授,他只不过见了几面而已,他自己回忆说:

……他(指 Prandtl 教授,笔者注)所代表的德国学术思想,以及他从他的老师 August Foeppl(近代应用力学创始人)那里继承的治学方法对我影响极大。人们将它称之为葛廷根思想(Goettingen Geist,一言以蔽之,就是理论联系实

---

① 张维:《留德八年》,载《欧美同学会会刊》1999 年第 3 期,第 33 页。
② 葛廷根(Goettingen)今译为哥廷根。

际)。这个学派的研究工作既解决实际中的力学问题,发展了力学的基本理论,又解释并预测了自然现象,促进了生产。他们往往从特殊着手发展到一般,再返回到特殊。这种循环式上升很符合辩证法。他对力学界的影响远远超出了德国国界。①

大学制度、大学精神、大学人物这几个构成大学的核心因素中,我以为制度最为根本,因为它决定机制,可以成为大学"思想自由"、"学术独立"等诸多根本性的保障;精神最为重要,因为它可以转移风气、熏陶人物;人物则是其中最具活力和变数的因素,因为在某种意义上,人物才是所有制度和精神的载体,大学的制度、精神都是通过他们所体现。而且大师风范毕竟不同寻常,一个大学之所以为大,往往就是因为那么几位大师所在,当冯至在海德堡大学求学的时代,雅斯贝尔斯的存在就是这样的意义,因为"对于大学生们来说,雅斯贝尔斯就是这个世界上一个最光辉夺目的形象,正是由于此人,大家才纷纷到海德堡来上学"②。

我们看留德学人在德国留学的经历,首先正是通过大学的学人感受到异邦的学术风气和学术精神的。蔡元培即对冯德③甚为推崇,说:"冯德是一位最博学的学者,德国大学本只有神学、医学、法学、哲学四科(近年始有增设经济学等科的);而冯德先得

---

① 张维:《留德八年》,载《欧美同学会会刊》1999年第3期,第33页。
② [德]汉斯·萨尼尔著:《雅斯贝尔斯》,张继武、倪梁康译,三联书店,1988年,第50页,转引自周棉著:《冯至传》,南京:江苏文艺出版社,1993年,第165页。
③ 冯德(Wilhelm Wundt)今译为冯特。

医学博士学位,又修哲学及法学,均得博士;所余为神学,是彼所不屑要的了。他出身医学,所以对于生理的心理学有极大的贡献。所著《生理的心理学》一书,为实验心理学名著。世界第一个心理学实验室,即彼在莱比锡大学所创设的。又著民族心理学、论理学、伦理学、民族文化迁流史、哲学入门(此书叙哲学史较详),没有一本不是元元本本,分析到最简单的分子,而后循进化的轨道,叙述到最复杂的境界,真所谓博而且精,开后人无数法门的了。"[①] 这还只是停留在对教授的学术水平上的肯定。

季羡林则对德国学人的精神境界别有会心,西克教授是读通了吐火罗文的大师,他在古稀之年出山,且不容置疑地要给季羡林开课,传授吐火罗文,是"丝毫没有征询意见的意味"。季羡林揣摩老教授的心理,"除了个人感情因素之外,他是以学术为天下之公器"[②],这也就难怪他"辞别德国师友时,心里十分痛苦,特别是西克教授,我看到这位耄耋老人面色凄楚,双手发颤,我们都知道,这是最后一面了,我连头也不敢回,眼里流满了热泪"[③]。这样"以学术为天下之公器"的学人风范,怎能不赢得后来学子的真心尊敬,并深受感染熏陶呢?

而冯至对宫多尔夫教授敬仰至深,则更是受到学人人格力量的感染了,他说"几月之久,宫多尔夫以他的讲授鼓舞了我,我衷心敬重他的人格以及他的著作",把自己比作"一个寻路的人",而宫氏则为"指路者",一旦宫氏弃世,则心中悲哀是自己

---

① 蔡元培:《孑民自述》,南京:江苏人民出版社,1999年,第50—51页。
② 季羡林:《留德十年》,北京:东方出版社,1992年,第96—97页。
③ 《我的心是一面镜子》,《东方》1994年第4期,转引自蔡德贵:《季羡林传》,太原:山西古籍出版社,1998年,第290页。

"没有感到过"的，觉得"好像海德贝格变得不美了——下半年我不想呆在这里了"①。一个老师，与学生相处不过数月，而能使人感动如此，学问之好、人格境界之高真使人不胜向往。

由学人而传达精神，德国大学之精神正是通过其优秀的学人深深地传递到中国学子灵魂深处，融化为自己之精神一隅。不仅是大学精神，德国大学制度给留德学人也殊多启发。

蔡元培在德国期间对德国的大学的历史及基本原则进行过比较系统的了解，他读过包尔生的《德国大学与大学学习》一书，此书是论述德国大学的名著，对德国大学的历史发展、当时的组织状况、教学与研究诸方面进行了概括和介绍，而且对德国大学的观念进行了精辟的论述。蔡元培通过阅读此书，当能大致了解到德国大学制度的基本原则和观念。② 而从蔡元培在北大的发言中也可看出他对德国大学制度颇为熟悉，常顺手将德国取来为例，五四运动爆发后，蔡氏为抗议政府之镇压爱国学生而辞职，发表《不肯再任北大校长的宣言》，说："我绝对不能再作不自由的大学校长：思想自由，是世界大学的通例。德意志帝政时代，是世界著名开明专制的国，他的大学何等自由。"③ 三个月后，蔡校长在全体师生强烈要求下回校复职，又发表演讲说："诸君都知道，德国革命以前是很专制的，但是他的大学是极端的平民主义；他的校长与各科学长，都是每年更迭一次，由教授会公举的

---

① 冯玉：《海德贝格记事》，见《新文学史料》1988年第2期，转引自周棉著《冯至传》第149页。

② 参见陈洪捷：《德国古典大学观及其对中国的影响》，北京大学高等教育研究所博士论文，1998年，第106页。

③ 蔡元培：《不肯再任北大校长的宣言》，载高平叔编：《蔡元培全集》第3卷，北京：中华书局，1984年，第298页。

……这是何等精神呵！"① 从中不难看出，蔡氏对德国的大学制度是有相当了解的。

美国著名教育家孟禄（Paul Monroe）指出："在拿破仑根据可能的最严格的控制学术知识和教学的方式重建法国大学时，被征服并被剥削所有权力的普鲁士，则根据广泛的不同的最大的学术自由为基础，创建了柏林大学。"② 而这一由洪堡在柏林大学改革后所奠定起来的德国大学制度在19世纪具有世界性的影响，英国诗人、评论家阿诺德（Mathew Arnold）考察德国大学后，有一句名言："法国大学缺乏自由，英国大学缺乏科学，德国大学则两者兼而有之。"③ 此话概括德国大学制度的好处颇为精到。但必须指出的是，洪堡之大学改革顺应时代潮流，在大学为国家服务的前提下，更注重保持其"自由和独立性"，而"正是学术自由的原则成为柏林大学以及其他德国大学的保障，并使之成为科学和艺术研究的中心"④，蔡元培对德国大学制度和精神的吸收及引荐，"在担任北京大学校长期间，按照德国的榜样，将北大改造成为我国第一流的高等学府"⑤，其意义功用也不仅是在北大改革之本身。

---

① 《回任北大校长在全体学生欢迎会上的演说词》，载高平叔编：《蔡元培全集》第3卷，北京：中华书局，1984年，第341页。
② Paul Monroe, A Cyclopedia of Education, Volum Three, The Macmillian Company, 1912, p. 95. 转引自贺国庆：《德国和美国大学发达史》，北京：人民教育出版社，1998年，第210页。
③ 贺国庆：《德国和美国大学发达史》，北京：人民教育出版社，1998年，第2页。
④ 但德国在两次世界大战中"几乎成为军国主义的工具"，其大学精神荡然无存，经验教训也颇值得借取。贺国庆著《德国和美国大学发达史》第210页。
⑤ 同③

而在中国，大学人物、大学精神、大学制度，这三者"是一个共生的过程"，杨东平认为"作为外来文明的大学精神，逐渐在华夏大地生根，形成一种自由知识分子的共同文化"①。而此中由学人留德所传来的大学精神自然也当属其中应有之义。

---

① 杨东平：《重温大学精神》，载杨东平编：《大学精神》，沈阳：辽海出版社，2000年，第7—8页。

波恩大学城

到德国，最有兴趣的当然还是看大学。虽然懒惰，但大学总是要去的。可遗憾的是，不管是首都的波恩大学，还是历史悠久的海德堡大学，甚至曾经名动天下的柏林大学（今一分为二，即原属东德的洪堡大学、西德的柏林自由大学），都没有国人想象中的那种学府象征——高楼威严、围墙四列。街边不起眼的一栋楼，就算是一座大学了。在我，习惯了国人的思维方式，真有些出乎意料。

波恩的城市甚小，却不乏有意思的风景。而这风景之最，恐怕还是位于市中心的大学广场（Universitätsplatz），也就是波恩大学的所在地。以前也曾来过这里，还在附近的一家宾馆住过一夜，记得第二天起来颇早，出来兜兜风景，绿树遍地、满目清爽，感觉甚好。德国大学与国内不同，不是那种有高森门墙、烫金校名的类型，相反，有一种尘世间的平淡，有一份知识人的冲和。给我留下深刻印象的,是四周大片的绿荫地,如同舒展的肢体,静静地包容着偌大的广场,当时只觉得空气清新、精神爽朗,感慨不已:学子们真是有福了,摊上这么个读书的好地方。

波恩大学

此次旧地重游,却并不仅仅是为了贪恋这没有门墙的大学风采,而是很想去查找一些相关的资料。可惜我虽数度来德,但几乎少有自由活动,要想独自深入大学图书馆乃至查找资料,实在颇有难度。于是找到了正在波恩大学攻读博士学位的周君,他的夫人是波恩中国学生会的主席,甚为精干与热情。她陪我坐了有轨电车(S-Bahn)到大学去,其实他们住的地方属于德国的大学生宿舍(Studentenheim),颇为宽敞,好像至少是两室的,距离大学并不远,平时骑车即可到达。这次为了陪我,便坐车了。她一路上告诉我,在德国当大学生是如何的好,有很多福利,诸如乘车、租房等等,说得我也很是艳羡起来,能做学生真好!我们在波恩大学图书馆忙活了半天,即便得到秘书专家的相助,终究也没能查出王光祈的任何蛛丝马迹；档案馆则闭门不接客，只能是徒唤奈何了。好在我并不是专为做课题而来，凭兴趣而已，既然查不到，那也不能辜负大好时光，初雨渐晴，又有田女士这样一位好向导，便在这大学城附近转悠起来。

波恩大学里有一块很大的类似操场的绿荫地，颇似大学的交流中心一般。很多的学生，年龄各异，或围坐、或斜躺、或运动、或步行，都有意无意地以这里为中心，构成了一幅让人觉得特别和谐的图卷。惬意、闲适、悠然，种种对于大学生活的美好记忆一下子就涌上了心头。至于见到年长的学生推着德国制造的高质婴儿车，孩子探着稚嫩的脑袋，挥舞着小手，则觉得特别的开心。在这种氛围内的学习生活一定是迥异于国内的狭窄空间中的"大学时代"吧！我们上大学时是八人一间小屋，四张上下铺的双人床。现在据说好些了，但似乎改善也是有限。

波恩市政厅就在大学附近，说是市政厅，其实是一栋很矮的楼房，与四周房屋相连，形成中间一个尚算开阔的广场，比起我们的天安门广场，自然不在同一个等次上。但可不要小看这地方，据说肯尼迪、里根等要人来此地，必在此发表演说，挥手致意。我也曾在此"效颦"一回，故作伟人状，不过终究是"客串"而已，幸得台下无人注意。

附近有商店，大的如 Kaufhauf 之类。田女士告诉我这里的金首饰很精致，且价格公道，不妨买些回去。可惜我对此道不通更不感兴趣，宁可逛到菜市场去看风景和人情，未免辜负了女士的一片好意。菜市场有点类似国内的自由市场，堆积着新鲜的蔬菜，都是从附近的郊区新运来的，卖菜人和我们平时接触到的衣冠楚楚、彬彬有礼的德国人完全不同，脸上洋溢着健康的红光，身手显得矫健而有力，说话也没有那么细致与清楚，大声吆喝的也不在少数。当此光景，不小试身手，总觉过意不去，便买了两公斤的橙子，很小的，倒也不贵，大约才五个马克。拎了打包的橙子，该离去了，但却又禁不住回望一眼这热气腾腾、喧嚣热闹的德国菜市场，在人口不多的波恩小城，这样的场景可真是不容易见到。

友人曾邀在附近的咖啡馆中品卡布奇诺（Cappuccino），坐在楼上，看下面菜市场的风景，再举首望西下的夕阳，感觉甚好。又想起马致远的那首小令，道是"夕阳西下，断肠人在天涯"，其时风景相似，却半点没有断肠人的感觉，倒是颇有些异国指点江山、意气风发的味道。当时谈话的详情已经记不清了，只记得很是开心，也真是很难得在异国他乡能有那样的闲情逸致，花上些马克，在咖啡馆中观夕阳西下、论天下大事。

波恩在我们眼中是一个小城，大约也就几十万人口，尚比不得国内的一个大县城，但在德国却属于中等城市。波大的历史虽不悠久，但却不乏名人的身影与踪迹。好像两个"马克思"都曾在此学习，一是共产主义的领袖人物卡尔·马克思（Karl Marx），一是西方社会学界奉为领袖的马克斯·韦伯（Max Weber），仅此就足以使波大自豪的了。当然，作为中国人，我关心的更是本族先贤在此留下的足迹。首先进入眼帘的，当然要算是王光祈（1892—1936）。他可算是一代奇人，早年在国内即以组织"工读互助团"而闻名遐迩。1920年时，他又作为《申报》、《时事新报》、《晨报》的特约驻德通讯记者来到德国。其实，主要目的，还是藉记者之名,而行留学之实。他在此学习德文和政治经济学,初时入法兰克福大学,攻读政治经济学;1923年却改换门径,去学音乐了,1927年入柏林大学攻读音乐学,1934年以《中国古代之歌剧》在波恩大学获博士学位;1936年病逝于波恩。前前后后,王光祈在德居留长达16年之久,为传播德国和西方音乐作出了重要贡献,其撰著如《德国人之音乐生活》、《德国国民学校与唱歌》等专门介绍德国音乐著作,通俗易懂,富有情趣;在其他关于西方音乐论著中,也均主要以德国音乐书籍为主要素材,重点介绍德国音乐学说及其技术理论。而居德的这16年,他的爱国之心始终不渝,其表现则为将中国文化介绍于西方,弘我中华经典文化精神。他致力于国乐史的研究和整理,并向西方介绍中国古乐,如用德文完成了其博士论文《中国古代之歌剧》,还著有《中国音乐史》、《东方民族之音乐》等书。王光祈自述著作的目的是要使中国音乐"侪于国际乐界而无愧"、保存"先民文化遗产"、引起"民族自觉之心"、陶铸"民族独立思想"、"使吾民族精神为之团结"。他曾经充满激情地说:"吾将登昆仑之巅,吹黄钟之律,使中国人固有之音乐血液重新沸腾。"这些话语,今天读来,仍觉十分的亲切激动,没有丝毫的矫揉造作。多少年前,中国学人就已经达到了如此境界,王光祈从五四时期风云一时的著名人物、少年中国学会和北京工读互助团的发起者,到爱国的留德乐人,以学术报国,以音乐报国,虽然只活了44个春秋,但真可谓是青春无悔,书写了一个大大的"学人"形象。今日追念先辈,真是感怀无已,只有勉力沿着先贤的足迹前行,方是对先辈最好的纪念。

告别波恩，并不容易，毕竟在此居留近三月，一草一木，一地一景，似都已印刻心中，甚是熟悉亲切。而这小城的宁静祥和，更是在作为国都的城市中无以其匹，虽然柏林已然蒸蒸日上，但波恩的风景与风味，却真的如一壶陈年佳酿，值得细品。好在波恩是要道，来德国，总会再到波恩来的。因为，波恩虽不再是政府所在地，却仍保留着教育科学中心的地位，不用看总理府的富丽堂皇，却总记得贝多芬故居的古朴雅致。当然，最怀念的，还是波恩大学城周际的绿树成荫，晨读气象！

漫步海德堡大学

波恩大学规模不小,但其历史却并不悠久,大约也就是百年左右吧!如果在中国,却够得上现代意义上最古老的大学了,如

海德堡大学

从京师大学堂演变而来的中国第一大学——北京大学，也不过百年略过而已。但在德国，波大只能算是小弟弟。严格说来，德意志境内的老大哥应该算是布拉格大学（Prag），但后来德国疆界屡次变易，今天公认的德国境内最古老的大学则是海德堡（Heidelberg）。

海德堡很有特色，基本上就是一个大学城，整个城市的活动是以大学为中心的。从火车站到海大很近，大约几站就到了，由此也可见海德堡城市之小以及海大在此地的地位。海大校园之中不乏美丽的风景，尤其是登高望远，感觉甚好。但我并不是第一次到海德堡，以前也曾作为游客登临过它的古堡。此次前来，最重要的是拜访其汉学系的瓦格纳教授（Prof. Rudolf Wagner），顺带着看看海德堡的风景。

想起曾读过陈平原先生写的文章，说是教堂的钟声悠扬，令人难忘，更有意思的是，一声是男声，一声是女声的彼此呼应。清晨起来在海大漫步，确实听见那悠扬回荡的教堂钟声，仔细倾听，果然是饶有韵味。信步走进一座教堂，见很多人静坐祈祷，便也好奇地客串一回，加入到静坐者的行列，体验那种静穆环境中的感觉。其实，这种感觉与道家所提倡的静坐、打坐颇有些共通的道理。其环境既然肃穆，则每日疲累的人们能有这样的机会，扫清一下心中杂念，也确实是好的，于身心有益而无害。

海大在世界上显然没有那些顶级名校般有名气，这其实并不是海大的问题，而是德国大学的特色所在。德国的综合性大学（Universitaet）约有80多所，实力相对平均，并没有那种特别的顶尖型大学的划分，但绝对没有不上档次的大学，谈某学校的实力,一般谈专业领域,而不宜泛泛而论。我们一般谈世界名校,诸如一提哈佛(Harvard)耶鲁(Yale)、剑桥(Cambridge)牛津(Oxford),世人自当刮目相看。但海大其实并不逊色,作为德国历史最悠久的古典大学城,不但韦伯(Max Weber)等大家曾在此坐镇、其哲人荟萃更是一时特色。与海德堡相近的被称之为德国古典大学城的还有两座,一是图宾根(Tuebingen),一是弗莱堡(Freiburg),都属于很早建立的德国古典大学,且有浓厚的人文传统。在我看来,大学之所以可贵,就在于大学的人文传统,如果失去了人文精神,大学也就无法称之为大。科技之发展固然重要,但真正的大学其实是相通的,即都是有人文积淀为其根基的,否则也很难达到科技的高境界。其实,如居里夫人、如爱因斯坦,近者如杨振宁、李政道,谁人又是为技术而科学的实验室人呢?社会要发展、人类要进步,物质基础固然需要,但精神支柱问题尤其要解决,当前在一定范围内出现的信仰危机问题其实已是在给人类敲响警钟了。

而海大正是属于这样的人文积淀悠久的大学之一,社会学家金耀基曾于游学之余,撰作两部语丝,一为《剑桥语丝》,一为《海德堡语丝》,后辽宁教育出版社将之收入"书趣文丛",改名为《从剑桥到海德堡》,使大陆读者能够一睹面目。此书以大学者的学识来谈对名校的体验,确实独具一格;更经陈平原先生品题,颇能让人平生出心仪向往之情来。故此我之游海德堡,于此书也获益不少。海大的校园间有一条河隔开,中间有一座桥。过了这座美丽的风景桥,便可到达多少人向往不已的"哲人路"(Der Philosopherweg),相传海德格尔、雅斯贝尔斯等大哲均曾在此徘徊冥思，这又不由得使我想起北大的未名湖来了，那里原本有朱光潜、冯友兰、宗白华多位先生散步幽思，可惜却成为"即将消逝的风景"。风景之形成，固然不乏自然力的造成，但其实"人文景观"尤有可观之处。但我们现在似乎更多地在意大自然的"斧凿神奇"，却忽略了作为征服自然的人物之大气。漫步在海德堡的幽静小路上，我想，这古老的路径，这平易的楼房，又不知是哪位先哲曾经走过，曾经居留呢？然而，我知道，至少歌德曾经在这里抒发诗情，黑格尔也曾在这里筑坛论道，而作为"中国最为杰出的抒情诗人"，冯至也曾在这里读书治学。

冯至之所以称海德堡为"海岱山"，在我看来，自然是他作为诗人兼学者的"诗性"一面之表露，既有了典雅之美，也有了亲切之情。细细涵泳，颇值回味。对这段留学德国的生涯，冯至有着这样的自述："从1930年到1935年6月，我到德国先后在柏林和海岱山学习。这正是国内第二次国内革命战争、革命的反'围剿'与反革命的'围剿'斗争最激烈的时期，德国的社会也十分动荡不安，我却无视现实，听亚斯丕斯讲存在主义哲学，读基尔克郭尔和尼采的著作，欣赏凡诃和高甘的绘画，沉溺在以里尔克为代表的现代派的诗歌里。"所以冯至如饥似渴地沉醉于这知识的海洋之中，他整个白天都在学校度过，只有在晚上才回到住处——一个小学教员出租的一间屋里。每星期作一篇德语文章，送给一个德国老太太去修改，以补在国内德语学习之不足。此外，他还读《浮士德》，念《希腊文化史》，学习恺撒写的拉丁文。① 遥想前贤当年，真是感慨万千，原来这古老的鹅卵石铺成的小道上，也还有过一代诗人的足迹；而那海德堡宫留下断垣残壁想必也是冯至与友人时常光顾，看风景、吟诗篇的佳所。在海德堡时，冯至与梵澄相识相重，友谊甚笃。所谓"人以类聚，物以群分"，这话真是一点不错。冯至虽然以"中国最杰出的抒情诗人"而著名于世，其实他的出色当行却是日耳曼语文学者；徐梵澄则以绍介德国哲学而将在中国学术史上占有不可抹杀的地位。说起他们的相识很有意思，两人都有文字曾记录了当初的往事。冯至在《海德贝格纪事》中专辟一节名《记徐诗荃》，说他到海德堡的第二天下午，就"到内卡河南岸的一个小巷里拜访了学文学的徐君"，而他的"突然来访，主人并不觉得惊奇，我们互相报了姓名，好像一见如故"，虽然是"二人都有些矜持"。②梵澄则在给鲁迅的信中提到此事，说："今日下午有某诗人来访。"却并没有写诗人的名字。而鲁迅先生也有意思，回信提到"某诗人"时，也没有提名道姓，只画了一个小骆驼，因为冯至曾编过《骆驼草》的刊物。③

友人伴我在这幽静古老的大学城中徜徉小路、伫立教堂、攀登古堡，在这和风细雨的初春天气，玩赏风景、享受自然之余，想起前贤的若干故事和生命景色，真是若有所得、若有所失。而到了这海德堡宫，面对这曾经豪华宏伟、今日之残破仍不能遮其

---

① 参见周棉：《冯至传》，南京：江苏文艺出版社，1993年，第139—140页。

② 冯至：《留德散记——内卡河畔与海德贝格记事》，载万明坤、汤卫城主编：《旅德追忆》，北京：商务印书馆，2000年，第43页。

③ 冯姚平：《怀念徐梵澄先生》，载《鲁迅研究》2000年第5期，第73页。

风采的建筑,则又不由发思古缅怀之幽情。海德堡宫是古时王侯的宫殿,兴建时间甚长,从13世纪到17世纪,建造了颇多的宫殿,而环绕着的则是呈拱卫状的柱形碉堡,可以说是非常有特色的德国古典建筑。之所以沦为今日之断垣残壁,则不得不回顾历史之沧桑与帝王之野心。1685年,海德堡宫主人去世,只留下莉萨罗特公主。与其有联姻关系的法王路易十四早就垂涎其领地之丰饶,便借口有权继承而兴兵攻占,公主虽然不屈,但如何能抵挡当时以武力称霸欧洲的路易十四大军?1689年,法军攻占海德堡宫①,大部分建筑被毁。于是海德堡便留下了这样的记忆。历史上的帝王多半有狂热、强烈的占有欲,甚至为此不惜大动干戈、兵连祸结,至于民众的生死祸福,他是不去考虑的。然而最终他又得到了什么呢?就拿这位被称为"太阳王"的路易十四来说吧,他所亲政的前期确实曾达到法国封建专制制度的极盛,且曾一度称霸欧洲,伏尔泰将此期称之为"路易十四的世纪"。但在其统治后期,军事失败、国库空虚、经济衰退、王权削弱、民心尽丧,封建制度逐渐走向衰落。② 这正是他穷兵黩武的后果。中国古语云"乃知兵者是凶器,圣人不得已而用之",确是经过了无数沉痛的经验教训的至理名言。而今,王霸雄图早已随烟散入历史的沧桑,海德堡宫铭记的却只能是霸权侵略的创伤,而后人追念那曾经辉煌的文化遗产,遗憾无比的不仅是建筑被毁,还有珍藏在此宫内数千套10世纪以来的手抄本亦被洗劫一空,文

---

① 参见李济英:《海德堡宫之谜》,载《神州学人》2000年第6期,第35页。

② 参见周以光:《路易十四》,载朱庭光主编:《世界历史名人谱·近代卷Ⅲ》,北京:人民出版社,1998年,第185页。

化浩劫其实是战争带来的不可估量的"痛"。

这小小的海德堡城竟然引发如许感慨,真是"多少风云事,沧桑小城中"。真希望以后能有闲暇在这小城住上一段,寻前贤的路迹、追往哲的思绪,看小河的流水、数历史的风云。在这异国小城,求沧桑看云之乐,或许是过奢的愿望,但有希望总是好的,不是吗?

蔡元培与莱比锡大学

如果强调人文传统精神的话,应该提到的还有莱比锡大学(Universitaet Leipzig)。其实,就德国大学与中国的渊源来说,莱大虽然不一定能排得上首位,但确实无愧于"源远流长"四个

莱比锡大学

字。最早的校友当可追溯到大名鼎鼎的辜鸿铭，之后如蔡元培、林语堂、周培源，个个都是声誉卓著的人物。

但我对莱比锡的心仰已久，我之推崇莱比锡，倒不在其于德国历史上的地位，而是看重它曾是蔡元培先生的母校。杜威评价蔡元培说："拿世界各国的大学校长来比较一下，牛津、剑桥、巴黎、柏林、哈佛、哥伦比亚等等这些校长中，在某些学科上有卓越贡献的，固不乏其人，但是，以一个校长身份，而能领导那所大学对一个民族、一个时代起到转折作用的，除蔡元培外，恐怕找不到第二个。"① 蔡元培作为中国近代学术史、文化史、思想史上具有中心地位的历史人物，意义甚为重大，莱比锡大学能有这样的校友确实应该感到自豪。

此行最重要的目的就是追寻蔡先生的遗迹，看看这昔日的大学究竟有如何的风景和魅力，能引得蔡先生不远万里勤工求学。要知道，当年的留学终究不比今朝，最要解决的问题就是经费的来源，即便以蔡元培这样后来大名鼎鼎的人物，当年虽然已有前清翰林的身份，从选择赴德到得以成行仍然是大费周折。其实蔡元培留德之心源于他对德国学术教育的敬仰，早在1900年他就受到德国重视教育的启发，说："德国先贤薄尔泥曰：将来世界，惟在教育掌握之中。福菲得儿见拿破仑蹂躏柏灵，乃立市中。扬言曰：振兴我国以规复其势力者，惟教育耳。"② 蔡元培留学德国之心最初萌发于1903年，当时的主要目的是为了到德国去学习

---

① 转引自郑勇：《是真精神自风流》，载《中华读书报》2000年5月17日。
② 蔡元培：光绪二十六年四月十七日日记手稿，转引自蔡建国：《蔡元培与近代中国》，上海：上海社会科学院出版社，1997年，第94页。

军事，但由于经费未果而罢。可是蔡元培求学德国之心甚诚，并不因受挫而停止努力，因为在他看来"救中国必以学"，而"世界学术德最尊"，故"吾将求学于德，而先赴青岛习德文"①。可见，他是相当认真对待求学德国的计划的。经过种种努力，终于在 1907 年实现了他留学德国的宿愿，这回他成功地克服了经费筹集上的种种困难，既获得了清政府之批准，所谓"该编修自措资斧，前往欧洲留学，志趣远大，洵属可嘉，应即咨送"。还成功解决了最重要的经费问题，蔡元培此时利用他比较有利的社会地位和关系，做了较大的努力。当时清政府派孙宝琦为驻德国公使，于是蔡元培请孙的兄弟孙宝瑄及叶君浩为自己说情，表示"愿在使馆中任一职员，以便留学"；蔡本人"亦自访孙君，承孙君美意，允每月津贴银三十两，不必任何种职务。一方面与商务印书馆商量，在海外为编教科书，得相当的报酬，以供家用"。这样的话，蔡元培留学德国四年的费用终于较为落实，即孙宝琦答应每月资助学费三十两白银，商务印书馆约定每月送编译费一百元，基本解决了他留德期间生活费和抚养家属的问题。但尽管如此，他还是不得不半工半读，如为商务编书、做家庭教师等，他自己称之为"每日若干时习德语，若干时教国学，若干时为商务编书，若干时应酬同学"的生活。所谓教国学是指蔡元培受聘为唐绍仪的侄子宝书等四人的国文家庭教师，为这些身在异国的国学根基很浅的少年讲授国学，以贴补留学和家庭生活费用，每月的报酬是一百马克。但蔡氏终究是不堪柏林的烦扰，为求清静

---

① 转见梁柱：《蔡元培与北京大学》，北京：北京大学出版社，1996 年，第 12 页。

求学去了莱比锡。

在莱比锡大学游学期间,蔡元培"于哲学、文学、文明史、人类学之讲义,凡时间不冲突者,皆听之。尤注重于实验心理学及美学"。仅就手头上蔡元培在莱比锡大学求学期间的课程表来看,他所修习课程之众多,所接触学科之宽泛,实在令我辈心怀惭愧,只能是"高山仰止,心向往之"。蔡元培自述在莱比锡时,环境上"常受音乐、美术的熏陶,不知不觉的渐集中心力于美学方面。尤因冯德讲哲学史时,提出康德关于美学的见解,最注重于美的超越性与普遍性,就康德原书,详细研读,益见美学关系的重要"。从现有蔡氏选修课程表来推测,蔡元培选课颇重大家之学问,譬如冯德(Wilhelm Wundt,1832—1920)、兰普来西(Karl Lemprecht,1856—1915)等人。冯德是德国著名的心理学家、哲学家、生理学家、语言学家、近代实验心理学的开创者,心理学史上第一个专业心理学家,构造心理学的倡导者。蔡元培对其甚为推崇,说:"冯德是一位最博学的学者,德国大学本只有神学、医学、法学、哲学四科(近年始有增设经济学等科的);而冯德先得医学博士学位,又修哲学及法学,均得博士;所余为神学,是彼所不屑要的了。他出身医学,所以对于生理的心理学有极大的贡献。所著《生理的心理学》一书,为实验心理学名著。世界第一个心理学实验室,即彼在莱比锡大学所创设的。又著民族心理学、论理学、伦理学、民族文化迁流史、哲学入门(此书叙哲学史较详),没有一本不是元元本本,分析到最简单的分子,而后循进化的轨道,叙述到最复杂的境界,真所谓博而且精,开后人无数法门的了。"所以无怪乎,蔡氏惜自己德语之不精，无法尽数领会冯德学问之精义，于是"一面听讲，一面请教师练德语"，还要"一面请一位将毕业的学生弗莱野氏（Freyer）摘讲冯德所讲之哲学史，藉以补充讲堂上不甚明了的地方"。[①] 从1908年求学莱比锡一直到1911年离开，蔡元培几乎每个学期都选了冯德的课程，而且仅心理学实验一门课，就连选三个学期，可以想见冯氏对其影响之深且持久。蔡元培素来主张"在改造世界的过程中应该重视人的自由和独立精神"，所以研究哲学、心理学自然是实现此主张之必由道路，此时接受以冯德为代表的西方哲学、心理学，对其将来世界观、伦理道德和教育理论等方面的思想的形成，具有重要作用。

对蔡元培还有很深刻影响的当推历史学家兰普来西，他推崇兰氏为"史学界的革新者"。就选修课程而言，蔡氏选他的课比冯德还要多。蔡元培选修兰普来西的课程基本上也是有一个延续性的，即基本是从入学不久到离开莱比锡，都是听着兰氏的课程的。从其课程内容来看，基本上是整个的德国文化史系列，顺序有所不同，但基本上是一个核心，从古代中世纪——宗教改革与文艺复兴——专制主义——古典主义——近代——近现代，另选了兰氏一门史学理论课程"历史方法与历史艺术"。可以感觉到，蔡元培对德国文化史是非常重视的，在莱比锡三年几乎一直在师从兰普来西探索此问题，蔡建国认为他"很关心欧洲文明的过渡、进化和发展等问题，他留意现代欧洲文明的发展规律，考察欧洲文明是怎样由古代向近代过渡进而发展到现代的过程"，"他

---

① 蔡元培：《孑民自述》，南京：江苏人民出版社，1999年，第50—51页。

注意从历史发展的连续性上考察西方文明的内涵和基本问题,即西方文明的精神","他希望通过对欧洲文明开化过程的理解,以回答当时中国出现的急切追求'文明的外形'的问题","他并且注意在研究西方文明方面打下科学基础之后,对东方文明作比较研究"等等。这种表述显然将蔡元培作为了一个全能的专业化学者,尤其说他"在中国创立了东西方文明比较研究的传统和模式",窃以为略过之,蔡元培最多只是一个具备"高等常识"的"通人",却不是一个专业精深的"专家",就学术而言,似乎尚未达到如此高度。

好在这并非我们此处所关心的话题。我们注意到的是,蔡元培四赴德国、两次留学莱比锡的经历,一方面固然是求取真知、追求真理,另一方面也未尝不可看做是与这古老学府的结缘。1912年蔡元培因不满袁世凯当权,不愿同流合污,乃辞去教育总长之职务,与顾孟余通过教育部两名公费名额赴莱比锡大学帮助整理中国文明史材料,此外,他还选修了一些关于美学的课程。但就总体来看,对蔡元培之思想学术起到重要影响的还是蔡氏第一次留学莱比锡期间。陈平原先生称:"作为北京大学'永远的校长',蔡元培之值得不断追怀,在于其一举奠定了这所大学的基本品格。百年中国,出现过无数英雄豪杰,但要讲对于北大的深刻影响,至今没有可与蔡校长比肩者。时至今日,蔡元培之出长北大,几乎成为一个'神话'——个人的学识才情与时代的要求竟如此配合默契,千载难求,不可复得。"[①] 之所以如此,实在

[①] 陈平原:《"兼容并包"的大学理念》,载《北大精神及其他》,上海:上海文艺出版社,2000年,第23页。

是因为"像蔡元培那样热爱知识手不释卷的政要名流，在现代中国，还能找到一些；但像他那样涉猎众多学科，而且长久保持浓厚兴趣的，几乎可以说是绝无仅有"。归根结底，则是蔡氏所具备的"高等常识"，而蔡元培的"高等常识"之孕育，固然有其前清翰林的诸多优势，但其留学德国，既在大学中能读万卷书、获得诸多大师学理之滋润，又行万里路、饱承异国文化文明之熏陶。除上述冯德、兰普来西两大师外，汉学教授孔好古所主持的中国文史研究所、莱比锡的美术馆、民族学博物馆、上演话剧或小歌剧的戏院、开设美术史、美学等各种课程的教授都对北大校长蔡元培"高等常识"的形成，贡献颇多。所以追念蔡元培与莱比锡的关系，其实是中德学术文化交流史上可圈可点的一段佳话。

注： 本文引用文字，颇多参考蔡建国著《蔡元培与近代中国》一书，不再一一注出。

从"柏林大学"到"洪堡大学"

其实我想这个题目要是改作柏林大学的话,可能会引起更多人的兴趣。柏林大学在德国大学史甚至世界高等教育史上都是应当占有一席之地的。就世界大学史而言,自世界上第一所大学——意大利的波洛尼亚大学诞生以来,逐渐西传,先是在巴黎有巴黎大学,之后到了英伦岛国,有牛津、剑桥先后诞生。相比之下,德国的大学还要算是后来者,至于柏林大学则更排不上座次。但,要论在德国、甚至国际高等教育界的地位,柏林大学则首屈一指。

从历史上来看,经过19世纪初以柏林大学为代表的改革运动,到19世纪中期,德国大学已经明显在世界上占有领先地位,拥有多所世界第一流的高等学府。柏林大学更是长期以来享有世界性声誉的名校。高等教育的发达,也促进了德国社会经济的发展，增强了德意志的国力；而德意志国家的统一，也促进了大学的进一步发展，使得德国成为了当时世界科学的中心。第一次世界大战前德国大学处于鼎盛时期，也是"近代世界高等教育发展的巅峰"①。可见，在某种意义上，柏林大学就意味着德国大学。一战之前，德国高教如日中天，为世界科学教育中心之时，其大学制度更被誉为"帝国王冠上的一颗宝石"。而洪堡所开创的柏林大学则更是这宝石之王，仅举一例，一战前42名诺贝尔自然科学奖金获得者中，德、英、法、美人数分别为14、10、5、2，有意思的是，德国14名获奖者全部为大学教授，仅柏林大学一校就有8人。②

就世界大学发展史来说，柏林大学真可谓后来者居上，若不是后来纳粹的疯狂践踏学术、自残文化，世界科学教育之中心地位不可能如此迅速地转到美国。有意思的是，二战结束之后，东西德处于分治状态，而位处东部的柏林大学则为具有共产主义意识形态的民主德国所接管，最明显的标志之一，就是改名换姓，昔日与巴黎、伦敦、莫斯科等国都齐名的柏林大学被易名为"位于柏林的威廉·冯·洪堡大学"（Wilhelm von Humboldt Universitaet zu Berlin，简称"洪堡大学"），用来纪念大学的创建者、也是德国新型教育事业的开创人的洪堡。从"柏林大学"到"洪堡大学"的名称之易，似乎那么凑巧地也宣示着大学地位的改变。一战虽然使得德国大学教育走了些滑坡路，但经过魏玛共和国时

---

① 贺国庆：《德国和美国大学发达史》，北京：人民教育出版社，1998年，第182页。
② 同①，第79—80页。

期对高等教育的民主化改革,大学又成为研究科学和讨论学术的场所,大学自治、教授治校等良好传统被恢复,大学发展态势良好,在校生人数从一战前的6万人发展到1931年的10万人。所以"客观地说,从第一次世界大战后到1933年纳粹上台前,德国大学及其科学水平仍是领先于欧洲其他国家的。以诺贝尔自然科学奖为例,从1918年到1933年,德国获奖者为14人,英国为10人,法国为3人,美国为4人"①。但二战之后的德国,成为一片废墟,而陷于冷战前沿的昔日"柏林大学",显然很难获得发展的良好环境。

洪堡大学前洪堡像

尽管"洪堡大学"仍然是东德境内最重要的大学之一,但其国际学术地位显然与其以前的历史无法相比,别说在世界上难复

---

① 贺国庆:《德国和美国大学发达史》,北京:人民教育出版社,1998年,第183页。

19世纪的辉煌。即便就德国境内而言,联邦德国也不愿意失去"柏林大学"这面光辉的旗帜,不久即在西柏林境内新建"柏林自由大学",以期接续"柏林大学"的传统,而其作为一所新建大学,其崛起迅速,确实让人刮目相看。1990年两德统一以后,"洪堡大学"与"柏林自由大学"同处于成为德国新都的"柏林城内",其特色虽然不同,但标榜接续洪堡所创立的"柏林大学"传统则一。而面对当今世界,美国大学显得佼佼不凡、俨然"世界科学教育中心"的态势,德国大学如何重振雄风,确实是面临挑战。因为提到美国我们会想到哈佛耶鲁,提到英国则有牛津剑桥,但提到德国,确实大学实力颇为均衡,但处于顶尖地位者,似乎难以评价。而曾经执国际学坛牛耳的"柏林大学",尤其是面对哈佛、耶鲁、斯坦佛、哥伦比亚等名扬四方的美国名校,如何振兴,其实是一个很有意思的话题。

当然这个题目另外值得记述的意义则在与国人的渊源。洪堡在柏林大学的改革对于中国人也影响深远,其主要表现则在于曾经留学德国的蔡元培,于1916年出任北京大学校长后按照"洪堡大学理念"对北大进行了系统改造,从而一举奠定了北大作为一座现代型大学的基本品格。罗家伦就说:"他(蔡元培)对于大学的观念,深深无疑义的是受了19世纪初建立柏林大学的冯波德(Wilhelm von Humboldt,今译洪堡)和柏林大学那时代若干大学者的影响。"[①] 陈洪捷更以蔡元培在北京大学的改革为例探讨德国古典大学观对中国的影响。蔡元培的北大改革对中国现代

---

① 罗家伦:《蔡元培先生与北京大学》,引自陈平原、郑勇编:《追忆蔡元培》,北京:中国广播电视出版社,1997年,第194页。

化进程之影响,可谓不言自明,却未料到竟是间接得益于异国之大学与人物,从这个角度遥想蔡氏近百年在柏林居留的时日、在德国留学的光阴,洪堡在1809—1810年间实际上只领导了普鲁士文化和教育司14个月却成就了建立柏林大学①、实践其"教学与科研相统一"的"洪堡思想",真是别有一番滋味在心头。学术、文化、思想的沟通与选择、接纳与择取,原来对一个民族的发展关系重大,从这个角度来看,所谓"输入外来知识,是一个国家、一个民族取得和保持进步的重要条件"②,真是所言不虚,而由"柏林大学"到"洪堡大学"的演变过程,是否也可看做这个道理的一种观照呢?"十年河东,十年河西",说不定,有一天"洪堡大学"也会又变做了"柏林大学"呢?

---

① 陈洪捷:《德国古典大学观及其对中国的影响》,北京:北京大学出版社,2006年,第25页。
② 鲁军:《清末西学输入及其历史教训》,载丁守和、方行主编:《中国文化研究集刊》第二辑,第124—125页。

哥廷根思想与德国启蒙大学观

戴问天先生撰文《德国的大学——从格丁根说起》(《书屋》2005年第5期),提到拙文《现代留德学人视野中的德国大学》(载《中华读书报》2004年9月8日)中关于Goettinger Geist一词的翻译问题,认为此词以译为"哥廷根精神"为宜,确实不无道理。Geist这个词是德文中特有的词汇,不完全等同于英文的spirit,而特别蕴涵了德意志民族内在的一种性情、气质与精神。如他们常用的Deutscher Geist,就以译为"德意志精神"(或"德国精神")比较妥帖。之所以使用"哥廷根思想",乃是照搬张维先生的原译:"……他(指Prandtl教授,笔者注)所代表的德国学术思想,以及他从他的老师August Foeppl(近代应用力学创始人)那里继承的治学方法对我影响极大。人们将它称之为葛廷根思想(Goettingen Geist,一言以蔽之,就是理论联系实际)。这个学派的研究工作既解决实际中的力学问题,发展了力学的基本理论,又解释并预测了自然现象,促进了生产。他们往往从特殊着手发展到一般,再返回到特殊。这种循环式上升很符合辩证法。他对力学界的影响远远超出了德国国界。"① 我理解,张维先生在这里将 Foeppl 与 Prandtl 等人的治学思路系统化,故此统一称为"思想",似乎比字面的"精神"更具有概括性。

戴文谈及的哥廷根大学的发展路径,倒确是给我们颇有启发②。一般而言,我们会以洪堡在 1809 年创立柏林大学为标志,认为这是德国现代大学诞生的标志。实际上,柏林大学不仅是德国大学的标志,亦更为世界范围内现代大学的起点。即便在现代性的宏观视野中,作为民族国家大学发展路径的德国大学史,也具有普遍性的功用和标本意义,值得仔细考量。从这个意义上来说,德国大学史发展过程中的复杂性与另类路径,就显得尤其需要关注。

与引大学史发展风骚的南欧国家相比(如意、法)相比,德国大学出现约晚 200 年左右,在世界范围内的大学发展史上属于后发者。德国第一批大学的创建情况大致如下:布拉格大学(1349 年)、维也纳大学(1365 年)、海德堡大学(1385 年)、科隆大学(1388 年)、爱尔福特大学(1392 年)、莱比锡大学(1409 年)、罗斯托克大学(1419 年)。14—16 世纪,德国已拥有 42 所大学,是当时欧洲大学数量最多、最密集的国家。有论者认为:"德国大学是相当年轻的,但德国大学后来居上,对中世纪

---

① 张维:《留德八年》,载《欧美同学会会刊》1999 年第 3 期,第 33 页。
② 详见戴问天:《格廷根大学》,长沙:湖南教育出版社,1986 年。

文化作出了重要的贡献。"① 在文艺复兴和宗教改革时期，德国大学虽有所进步，但经院哲学、烦琐哲学方式并未消除，而且划时代的科学，如数学、自然科学仍被排斥在大学之外。更经过1618—1648年德国历史上著名的三十年战争的破坏，大学不但不再是进步的表现，而被看成是过时和衰亡的教育机构，这种局面直到17世纪末18世纪初才出现新的转机。

在我看来，与其将19世纪初期的柏林大学创建孤立地列为划时代标志，不如将18世纪的两次大学改革纳入视野考察，因为这样既能显示历史演进中彼此难分的"血脉相连"，更容易比较出泾渭分明的"层次演进"。如果说，后者象征着现代大学的浮出水面；那么，前者无疑标志了传统大学的辉煌可能。这背后隐藏的判断是：中世纪大学的意义应当予以充分重视。其实，我们认真分析，就会发现，德国三座古典大学城，都是中世纪时期就已诞生并一直在焕发着古典青春魅力的学术重镇——海德堡、图宾根与弗莱堡。事实上，这三座大学在现代大学的初创期虽并未有杰出的表现，但事实上一直负重前行，始终维系着德国大学内在演进的重要责任。这是非常有趣的话题，容专文论述，此处按下不表。

作为具备现代萌芽意义的第一所德国大学，当属建立于1694年的哈勒大学②。也就是说，在17世纪最后的年头里，诞生了下

---

① 转引自贺国庆：《德国和美国大学发达史》，北京：人民教育出版社，1998年，第15页。

② Paulsen, Friedrich: *Geschichte des gelehrten Unterrichts auf den deutschen Schulen und Universitäten vom Ausgang des Mittelalters bis zur Gegenwart* (德国中学和大学教育史：从中世纪到当代). vol. 1. Berlin, 1919/1921, S. 535.

一个世纪早期的学术重镇与文化城堡。虽然,这所大学在建立初期包容过坚持己见、与正统不合的托马修斯与弗兰克,从而一举成为思想自由的重镇;日后,沃尔夫也以此为基地,赢得了自己在哲学界的卓越声誉。但 18 世纪居于德国大学中心地位的,还要算是新建于 1737 年的哥廷根大学。其创建者、长期出任大学学监的明希豪森(Gerlach Adolph von Münchhausen,1688—1770)虽是选帝侯乔治二世(Georg II,August 即 1714 年加冕的英国国王,他同时也是 1727—1760 年间的汉诺威选帝侯)的大臣,但作为大学学监,却相当成功,他就曾非常明白地说过:"我的大学伦理,以声誉和实用为基础。"(Meine Universitätsmoral ist auf das Interesse der Ehre und des Nutzens gegründet)①

从创办者的思路歧异,我们可以看出柏林大学的划时代意义。因为柏林大学的首任校长是费希特,改革者则是时为普鲁士教育司长的洪堡。虽然即便是在德国古典时代的大学观念中,洪堡与费希特、施莱尔马赫的观点也明显有异。后两者在主张弱化大学的科学功能而强化科学院的功用方面,显然更加一致,这明显是承继莱布尼茨的基本思路;而洪堡主张大学同时承担"教学与科研"功能的思路,显然是针对当时传统的一种冲击。但总体来说,德国古典大学观可以被视为一个整体,尤其是在与此前盛行德国的大学观相比较的话。其实,在某种意义上,不妨认为,由柏林大学创立而导致的德国古典大学观的形成,正是针对以哈

---

① 转引自 Schelsky, Helmut: *Einsamkeit und Freiheit-Idee und Gestalt der deutschen Universität und ihrer Reformen* (孤独与自由——德国大学之构建与改革). Reinbek bei Hamburg: Rowohlt Taschenbuch Verlag GmbH, 1963. S. 36.

勒、哥廷根大学建立而形成的德国启蒙大学观。

后两所大学的创建，实际上就是两次席卷德国范围的大学革新运动，这当然与其时德国的启蒙背景紧密相关并深受其影响。莱布尼茨所开辟的启蒙路径，具有极明显的德国特色。虽然莱氏不以大学为安身立命之地，但这并不意味着大学的意义不重要。继莱氏衣钵的沃尔夫，就曾以哈勒大学为自家的讲坛布道之所。而创建于18世纪的哥廷根大学，则无疑是启蒙运动的重镇之一。在我看来，正是哥大与德国启蒙的珠联璧合，才为德国学术/文化的鼎盛时代奠立下极为重要的基础。通过这两次改革，尤其是18世纪的哥廷根大学创办，德国大学逐步恢复了在学术上和科学上的地位，但仍然只能说是初步具备了现代大学的端倪，其基本思路仍不出实用之藩篱，而这正是启蒙时代的一个重要特质。

这一点也可以从知识精英与哥廷根的关系看出，海涅、俾斯麦、韦伯、高斯等人都曾在哥大求学（当然德国大学生往往是转学多校）。就中国留德学人而言，朱德、季羡林等亦曾与此校结缘。张维先生提出的"哥廷根思想"，虽然表面看去不过是物理学中力学领域的理论提升，但其基本思维方式中"理论联系实际"的原则，其实与大学理念中的"哥廷根思想"（此处特指代表着德国启蒙大学观）一脉相承，强调的都是实际功用。事实上，从哥廷根大学的发展史就不难看出，哥廷根思想的意义主要也在于，相对于人文学者的思维方式，它是以自然科学研究者为思想主体的。也就是说，他们探求的主要是求真求是的科学追求。日后季羡林到哥廷根留学，说："大学已有几百年的历史，德国学术史和文学史上许多显赫的名字，都与这所大学有关。以他们名字命名的街道，到处都是。让你一进城，就感到洋溢全城的文化气和学术气，仿佛是一个学术乐园，文化净土。"①

哥廷根大学

20世纪30年代的留德学人陈省身这样回忆说："19世纪的德国数学当然是世界第一。德国的大学生可以到任何大学去注册。这学期在柏林听 Weierstrass 的课，下学期到哥廷根听 Schwarz 的课，随便流动。教授也可以流动。例如柏林大学已有 M. 普朗克、A. 爱因斯坦，一个理论物理学家在柏林大学自然没有发展的希望，就不妨到别的学校去创业。"② 其实这里涉及的不仅是德国数学的学科史，而且也是整体德国学术史传统。即由柏林大学与哥廷根大学构建起的德国现代大学的双重传统，而前者得到充分重视，后者却并未被认真纳入视野。

---

① 季羡林：《留德十年》，北京：东方出版社，1992年，第41页。
② 陈省身：《21世纪的数学》，载张劲夫主编：《海外学者论中国》，北京：华夏出版社，1994年，第17页。

我要指出的是，作为大学理念不同路径的"哥廷根思想"与"洪堡思想"显示了路径的区分，值得认真对待。具体言之，则可分别将两者视为"德国启蒙大学观"与"德国古典大学观"的代表性理念。以人命名的洪堡思想主要体现在他提出的三条关于高等学校的办学原则之中：独立性、自由与合作三者相统一的原则；教、学与研究相统一的原则；科学统一的原则。在在都指向一种非功利的、以科学本身为价值尺度的基本倾向。这是哥廷根思想中尚不太可能具备的，虽然两者有其发展延续的一面。而作为德国启蒙大学观代表的哥廷根思想，以大学命名，有其特殊时代的特殊意义。启蒙主义大学改革者强调的是，大学的首要功能在于其社会实际价值，大学之所以没有存在的价值，就是因为大学脱离国家的实际需要。而新的大学应当是国家的"学术矿厂"（akademisches Bergwerk），促进国家的经济发展。但这种过于实用、逐步向功利迈进的实用主义大学观，发展到 18 世纪后期，已经成为一种占据统治地位的惯性力量，并且波延到现实政治、社会生活中，成为必须被破除和反抗的负面标志。无论是奥皇约瑟夫二世，还是普邦教育大臣马索夫，都不约而同尊实用而轻学术，或谓"大学学习的主要目标是培养国家官吏，而非培养学者"[1]；或称"我完全赞同取消大学而代以文科中学和医生、法官等专门学院的观点"[2]。

---

[1] 转引自 Schelsky, Helmut: *Einsamkeit und Freiheit-Idee und Gestalt der deutschen Universität und ihrer Reformen*（孤独与自由——德国大学之构建与改革）. Reinbek bei Hamburg: Rowohlt Taschenbuch Verlag GmbH, 1963. S. 41.

[2] 转引自 Schelsky, Helmut: *Einsamkeit und Freiheit-Idee und Gestalt der deutschen Universität und ihrer Reformen*（孤独与自由——德国大学之构建与改革）. Reinbek bei Hamburg: Rowohlt Taschenbuch Verlag GmbH, 1963. S. 43.

在对抗启蒙主义思想的潮流中,以耶拿、魏玛为代表,逐步成为古典主义思想聚结的中心地。而就城市意义来说,拥有大学的耶拿显然比魏玛更有学术集结的优势。1789年,席勒在耶拿大学演讲"何为普遍历史及普遍历史何为?"(Was heißt und zu welchem Ende studiert man Universalgeschichte?)对"利禄之徒"(Brotgelehrter)与"哲学之士"(philosophischer Kopf)进行区分,就充分表明了此点。1803年,谢林(F. Schelling)在耶拿大学开设了《关于学术研究型学习方法》(Vorlesungen über die Methode des akademischen Studiums)的课程,延续席勒的思路,在学理上总结"利禄之学"(Brotwissenschaften)的概念,并摒斥之。所针对的,都是其时甚嚣尘上的、渗透到大学肌体中的实用主义思维。作为古典思想的实践集大成者,洪堡的柏林大学改革则一举奠定下德国古典大学观的典范意义,使得本处于德国本身的"观念之争",具有了波及欧洲与世界的"范式功能"。

谢林

启蒙发展到后来,逐渐成为一种"夸张的启蒙"、"极端的启蒙"。最初的启蒙,如果从莱布尼茨开始算起,主要是针对天主教居于绝对压倒性地位的权力现状而出现的话,那么,到了康德时代,即将"人性"奉为至尊,无论是他们将古典希腊奉为典范,还是强调科学的巨大功用,将思维的主体"由神变为人"并没有错。但到此时为止,启蒙已到了其鼎盛时期,并压过宗教与神学力量,而自己成为了一种"霸权话语",但这在当事者并不能自觉意识到,譬如说当时被奉若"天神"的康德。幸得门德尔松理性地将"公民启蒙"(Bürgeraufklärung)与"常人启蒙"(Menschenaufklärung)这两个维度区分开来。他强调前者必须按照它所针对的社会等级进行自我协调,后者则无须留心社会分层与维护社会秩序。所以,他会将激烈抨击的矛头直指"启蒙":"没有什么东西,比这种虚假的启蒙更加对立于人类的真正的善,因为在这种虚假的启蒙中,每个人都装腔作势地重复一种陈腐的智慧,而精神早就已经从这个智慧中消失了;每个人都嘲笑偏见,而不把它们之中真实的东西与虚假的东西区分开来。"① 哈曼则对康德的启蒙做了如下批评:"因此,从我对康德的定义(Erklärung)的转变(Verklärung)中,我得出这个结论:真正的启蒙(Aufklärung)就在于不成熟者从极端地自我招致的监护中浮现出来。"② 并要求:"宁愿要不成熟的天真,也不愿做监视者唯唯诺诺的或者被收买的仆人。"③ 虽然仍使用启蒙的概念,但哈曼早就远离了以康德为代表的启蒙运动的立场。

德国大学精神从来就不是划一的,其复杂性应予以充分关

---

① Mendelssohn: "Soll man der einreissenden Schwärmerey durch Satyre oder durch äussere Verbindung entgegenarbeiten?" Gesammelten Schriften. Band 6. no. 1. S. 139. 中译文引自 [美] 詹姆斯·施密特编:《启蒙运动与现代性——18 世纪与 20 世纪的对话》,上海:上海人民出版社,2005 年,第 5 页。

② 哈曼:《致克里斯蒂安·雅科布·克劳斯的信》(1784 年 12 月 18 日)附言,载 [美] 詹姆斯·施密特编:《启蒙运动与现代性——18 世纪与 20 世纪的对话》,上海:上海人民出版社,2005 年,第 150 页。

③ 同②,第 151 页。

注。因为德国精神本身就是在不断发展演进之中,尤其以18世纪为重大转换时刻。由启蒙时代到古典时代,最重要的过渡人物是康德。他虽然上承莱布尼茨的启蒙思路,下启歌德、席勒的古典时代,但他在学理上的推进是前无古人,后乏来者的。事实上,他没有莱布尼茨与沃尔夫等人那么浓烈的现实情怀,而更多地将其压在纸背,希望通过学理的清辩来达到。康德的矛盾性是显得比较突出的,他既认识到理性进路的必然性,又必须与现实政治周旋;他既强调学术自由与学生治学的自由权利,又不得不将大学生看作是服务于政府的"公务人员"(Geschäftsleute)。正是这种内在的矛盾性,既限制了启蒙路径的顺利推进,也充分表现在日后历史演进中的歧途呈现。1933年,海德格尔出任弗赖堡大学校长,发表其著名的就职讲演《德国大学的自我主张》,在他心目中:"德国大学的自我确认就是追求大学本质的原初和共同意

康德

志。对我们来说,德国大学正是这样的高校:她从科学出发,并通过科学,来教育和培养德国民族命运的领导者和护卫者。追求德国大学本质的意志就是追求科学的意志,就是追求德国民族历史精神使命的意志,因为这个民族正是通过自己的国家认识自己。科学和德国的命运必须同时在本质意志中获得权力。作为师生群体,一方面我们使科学直面最内在的必然性,另一方面我们在德国极端艰难的时刻坚定地面对德国的命运;只有并且惟独在

这个时候，科学和德国的命运才能获得力量。"① 将科学视为德意志民族国家的"权力手段"，并将此解释为大学的本质。海德格尔言说的文化场域因素固然需要关注，但由启蒙脉络而来的传承因子恐怕也是必须纳入考察的。

而同为哲人的雅斯贝尔斯，也曾出任海德堡大学校长，他则说："大学生是未来的学者和研究者。即使他将来选择实用性的职业，从事实际的工作，但在他的一生中，将永远保持科学的思维方式。"而"原则上，学生有学习的自由，他再也不是一个高中生，而是成熟的、高等学府中的一分子。如果要培养出科学人才和独立的人格，就要让青年人勇于冒险，当然，也允许他们有懒惰、散漫，并因此而脱离学术职业的自由"。雅斯贝尔斯甚至激烈地认为："如果人们要为助教和学生订下一系列学校的规则，那就是精神生活、创造和研究的终结之日。"② 这里延续的则是洪堡思想之传统，与海氏之论颇有针锋相对之意。

"南橘北枳"之理，人皆知晓。但其发生的过程，却少有人细加推究。德国大学观因其扎根之思想史土壤极为肥沃，故此所盛开之花果极丰繁而多元。以古典时代论，洪堡、费希特、施莱尔马赫三君分别代表了思想史的古典、启蒙、浪漫三大思脉，其所表现出的大学观虽有共通之处，亦不乏深刻之立场歧异。以现代德国语境论，海德格尔、雅斯贝尔斯经不同历史语境，而阐明自家之大学观，其背后是有各自的哲学理念为支撑的，更摆不脱

---

① 吴增定、林国荣译。
② 雅斯贝尔斯：《大学生的精神升华》，载夏中义主编：《大学人文读本·人与自我》，桂林：广西师范大学出版社，2002年，第2页。

自身必然归属的思脉限制。此容专文论述，此处不赘。

以美国为代表的实用主义哲学的大行其道，既属似无法抗拒的客观事实，又让精英分子徒唤奈何？实用主义的路径，并非某一民族或国家所独享的。而与实用主义的斗争，始终是理想主义的难题。当将这一问题上溯回历史深处，竟发现其与制约现代性路径的启蒙思脉如此密切相关。那么探究启蒙大学观的奥秘，就不再仅仅是一种"书生私趣"而已，而很可能关涉我们这个时代的"大学究竟何为"。

利禄学者今何方？

1789年5月26日晚6点，德国耶拿大学，正当而立之年的席勒进行其初为人师的就职演说。他提出了针锋相对的一组概念："利禄学者"（Brotgelehrter）与"哲学之士"（philosophischer Kopf），语惊四座。水泄不通的大教室里谁也不会想到这位《强盗》的作者会如此"锋芒毕露"。

也就是说，他把在大学里学习的人们，分成了两种类型，所谓"哲学之士"就是不断地追求创新，"对更新更好知识的不断追求使哲学之才永远走向更完善的境界"。今天来理解，这当然是一种理想境界，席勒所倡导的乃是一种纯学术的知识观；但如果还原历史语境，其实席勒仍有其发言时所针对的特定对象，即当时以实用主义为目标，以职业功利为取向的学术风气。所谓"利禄学者"，乃是为了追求利禄的目的而读大学和从事学术的人，他们"完全是为了满足特定官职的任职条件，并希冀官职所带来的好处；他之所以动脑筋思考，只是为了改善其物质状况，并求得些许虚荣"。而这样只会导致他们"抱着永远僵化的头脑，始终看守着毫无生机、单调的教本知识"。

可是难道他不知道，利禄学者可以最容易地得到丰厚的物质条件？人是需要生存的啊？谁又不希望能活得好些呢？这个在弱冠之年就被迫到处流亡，既要摆脱政治迫害、又要谋求物质生存的诗人，怎么会不知道金钱的重要，利禄的好处？读着他与友人往来书信中不断道及的生活困窘，为了最基本的生存而艰苦劳作的挣扎时，真让后人感慨万千。难道他不知道谋职之不易，求生之艰辛吗？他当然知道。可就是这个刚进入大学之门，还未来得及立稳脚跟的青年人，开始了对传统的激烈挑战。

看看当年激情洋溢，身当困穷而志气轩昂的席勒，我们惭愧啊！

而就是这个身当困厄的席勒，他以其大学理念影响了德国古典一代的知识精英们。在耶拿，费希特、洪堡、施莱尔马赫、谢林等都或与其友善论道，或在精神上承续其纯正的学术理念。他们是稍后经由柏林大学创办而构建的德国学术的开风气一代人。谢林坦言批判"利禄学术"；洪堡更在倡导新的大学观念时，提出大学应当"总是把学术视为尚未解答之问题，因而始终处于探索之中"，并一举构建其德国古典大学观的核心观念。事实上，席勒的大学理想日后很快成了世界范围内现代大学的风向所在；二十年之后（1809年），与席勒谊在师友间的洪堡创办柏林大学，并进行德国大学史上大规模的改革，在很大程度上就是获得了席勒大学理念的启发。

1916年，蔡元培出长北大，随即进行大刀阔斧的改革。在其就职演说中强调"大学者，研究高深学问者也"，要求学生不可"有做官发财思想"；第二年又发表开学演说，强调大学为培养学者的场所，"学者当有研究学问之兴趣，尤当养成学问家之人格"。留德归来的蔡校长，其实不但为我们从西方带来了"真经"，而且以其"腹有传统诗书"建构了中国自身的"现代学统"。

19世纪早期德国现代大学传统的建构，20世纪早期中国现代大学传统的建构，都有一代精英人物站在了时代的制高点上，哪怕这制高点上水流湍急、激荡危险。前段有学者指"学校不是养鸡场"，席勒大概是深有此体会的；蔡元培则更担心饲养出大群只求做官发财的高级鸡来。

然而，当21世纪的步伐已经走到了今天；当中国的改革已取得了举世公认的"腾飞龙"的成绩，我们的大学与学术现状究竟如何呢？且不说学术腐败、抄袭剽窃之类等而下之的问题，即以大学制度、学术良知、基本伦理等而言，我们又是否有可以依存的基础呢？而更重要的在于，作为学术共同体的学者自身，又有多少自觉建构的意识与行动？从这个意义上来看，三十岁的青年教师（无薪副教授席勒）可以挑战传统，四十岁的教育司长（洪堡）可以建构制度，五十岁的大学校长（蔡元培）可以再造大学，他们对大学精神沦丧的批判与"纯粹学者"的提倡并无二致，真是应了钱钟书先生那句话："东海西海，心理攸同；南学北学，道术未裂。"有比较才有鉴别，当我们回顾历史的同时，禁不住会问，今日的学者都在做些什么呢？怎么就听不到后来人振聋发聩的"一针见血"之论了呢?这,算不算是网络时代的新型失语症?或许,不仅是评论家的缺乏,而且是行动家的缺位。或许,我们真的该躬身自省:是学者的,扪心自问,利禄学者我是否?不是学者的,也应当关注一下这些关系到民族精神、文化传承的职业研究者,追问一声:利禄学者今何方?一个民族,如果学者阶层不能从伦理高度反思自己的价值和使命意义,如果学者阶层不能建构起自家安身立命的"伦理基础"与"制度规定",如果学者阶层永远摆不脱"利禄学者"与"利禄学术"的怪圈,那么,这个民族就永远只能停留为没有希望的民族,不管它的经济是如何的发达,无论它的表象是如何的繁荣。从这个意义上来说,一个正在成长中的民族,它的每一个组成分子,都有权利(也有义务)追问一声:利禄学者今何方?

作为现代大学精神尺度的"哲学之士"

1789年5月26日晚6点,在耶拿大学,年及而立的席勒进行他为人师者的首次演说,题为:"何为普遍历史及普遍历史何为?"(Was heißt und zu welchem Ende studiert man Universalgeschichte?)有关"普遍历史"的概念涉及整个现代世界形成过程中的"德国理念",关系重大,这且按下不论;此处特别需要强调的是,在这场演讲中,席勒提出了针锋相对的一组概念:"利禄之徒"(Brotgelehrter)与"哲学之士"(philosophischer Kopf)。这一区分向度,揭示了现代学术形成过程中的一个重要命题,这不仅富含德国意味,而且具有普遍意义。对当代世界来说,尤其如此。

在歌德的推荐下,席勒出任耶拿大学历史系副教授(无薪)。这在当今功利时代之中近乎难以想象,虽说"为稻粱谋"并非那个时代的主流,但如此不介意收入状况,仍需要一种勇气。没有一种理想者的姿态,确实很难做到。正是在这样艰难坎坷的处境中,席勒坚持着自己的人生之路,并发展出自家的大学理念,不但对"德国精神"有所阐发,也是日后成为世界典范的德国古典大学观的重要组成和源泉。因为,洪堡在耶拿时,就曾与席勒过从甚密,深受其影响;而洪堡的大学理念,也深刻影响到后来德邦的莘莘学子,包括20世纪初期留德的蔡元培。

其实,早在20世纪前期的中国,蔡元培就已明确提出,"大学者,研究高深学问者也。……诸君须抱定宗旨,为求学而来。入法学者,非为做官;入商科者,非为致富"。(《就任北京大学校长之演说》)实际上,这一说辞就是要求学子明确自己的位置,不可做"利禄之徒"。所谓:"天下滔滔,皆为利来;天下攘攘,皆为利往。"在求官致富的时代潮流中,仍固执地坚持自己的原则,虽说未免近于迂腐,但也真正地显示出人之为人,原来可以有自己的价值与尊严。在我看来,"哲学之士"乃是具有普遍意义的现代大学之精神尺度。它不但适用于昔贤的自我激励,也同样适用于当代的大浪淘沙。当世界学术场域都几乎一无例外地以美国为标准的时候,我们有必要重温德国古典一代的精神理念,包括其现代大学理念。

滔滔天下,衮衮诸公,试问有几人敢面对席勒的追问,慨然曰:"吾乃哲学之士。"

第一流的学者,是否可以直面这样的问题?而舍却求官致富的目标,人类的普遍生存是否还可能有别样的意义?我们该当如何给生命赋予意义?

学者之流,所求者为何?有所谓"求真"之说,或曰"真、善、美",至后人又有所谓"求趣"之说。那么,人类之追求与学者之追索,究竟在何样的交叉点上可以共汇?或许,我们不得不再次回到德国古典时代那激动人心的岁月,费希特就给我们明确地界定了人类各群体中"学者的使命"(Einige Vorlesungen über die Bestimmung des Gelehrten),他毫不犹豫地指出"学者就是人类的教养员"①,他要求学者不但要能"在一切文化方面都应当比其他阶层走在前面"(der in allen Stücken der Cultur den übrigen Ständen zuvor seyn soll),而且"应当代表他的时代可能达到的道德发展的最高水平"(die höchste Stufe der bis auf ihn möglichen sittlichen Ausbildung in sich darstellen)②,学者应当树立起与普通人一样的最终目标"提高整个人类道德风尚"。所以,费希特斩钉截铁地表态说:"我的本分就是把我这个时代和后代的教化工作担当起来:从我的工作中产生出未来各代人的道路,产生出各民族的世界史。这些民族将来还会变化。我的使命就是

费希特

---

① 德文为:In dieser Rücksicht ist der Gelehrte der *Erzieher* der Menschheit. [*Fichte*:*Einige Vorlesungen über die Bestimmung des Gelehrten. Quellen Philosophie*:*Deutscher Idealismus*,S. 9663 (*vgl. Fichte-W Bd. 6*,S. 332) http://www. digitale-bibliothek. de/QP03. htm] 费希特:《论学者的使命》,载梁志学主编:《费希特著作选集》第 2 卷,北京:商务印书馆,1994 年,第 43 页。

② [*Fichte*:*Einige Vorlesungen über die Bestimmung des Gelehrten. Quellen Philosophie*:*Deutscher Idealismus*,S. 9665-9666 (*vgl. Fichte-W Bd. 6*,S. 333) http://www. digitale-bibliothek. de/QP03. htm] 费希特:《论学者的使命》,载梁志学主编:《费希特著作选集》第 2 卷,北京:商务印书馆,1994 年,第 44 页。

论证真理；我的生命和我的命运都微不足道；但我的生命的影响却无限伟大。我是真理的献身者；我为它服务；我必须为它承做一切，敢说敢做，忍受痛苦。要是我为真理而受到迫害，遭到仇视，要是我为真理而死于职守，我这样做又有什么特别的呢？我所做的不是我完全应当做的吗？"①

看啊，这就是学者，这就是人类生活中毅然有所担当的"哲学之士"。这让我想起了中国士人的优良传统，梁漱溟曾说"吾曹不出如苍生何"？现今观之，虽未免有过于自矜之意，但其敢于担当的主体意识还是值得充分肯定的。不过，诚如费希特所意识到的那样："学者影响着社会，而社会是基于自由概念的；社会及其每个成员都是自由的；学者只能用道德手段影响社会。学者决不会打算用强制手段、用身体暴力去迫使人们接受他的信念；对这种愚蠢行动，在我们这个时代已经不屑一提；但是他也

---

① 德文为：auch mir an meinem Theile ist die Cultur meines Zeitalters und der folgenden Zeitalter anvertraut；auch aus meinen Arbeiten wird sich der Gang der künftigen Geschlechter, die Weltgeschichte der Nationen, die noch werden sollen, entwickeln. Ich bin dazu berufen, der Wahrheit Zeugniss zu geben; an meinem Leben und an meinen Schicksalen liegt nichts; an den Wirkungen meines Lebens liegt unendlich viel. Ich bin ein Priester der Wahrheit; ich bin in ihrem Solde; ich habe mich verbindlich gemacht, alles für sie zu thun und zu wagen und zu leiden. Wenn ich um ihrer willen verfolgt und gehasst werden, wenn ich in ihrem Dienste gar sterben sollte-was thät ich dann sonder liches, was thät ich dann weiter, als das, was ich schlechthin thun müsste？［Fichte：Einige Vorlesungen über die Bestimmung des Gelehrten. Quellen Philosophie：Deutscher Idealismus, S. 9666－9667（vgl. Fichte-W Bd. 6, S. 333－334）http://www.digitale-bibliothek.de/QP03.htm］费希特：《论学者的使命》，载梁志学主编：《费希特著作选集》第2卷，北京：商务印书馆，1994年，第45页。

不应当把他们引入迷途。"① 这里将学者的社会功用作出明确的学理规定，是有其值得思考的一面。这对我们传统那种将"社会情怀"和"政治介入"混为一谈的思路有提示和纠正意义。

在我看来，哲学之士，应以真理之追索为生命标的；以理想之诉求为人生航标。造就一个更加美好的世界，这意味着我们应当有作为人类精神守护者的自觉意识，人类之作为人类者，最善良的品质的最大限度的发扬，并惠及四灵环境，这才是真正的哲学之士该当承当的文化使命。

哲学之士，应是这个世界最优秀的大脑，最善良的心灵，最纯美的形象（道德意义上）。他们也许也犯错误，他们也许有些迂腐可笑，但他们始终都是最为可贵的人，有最纯洁的品德，有自我的反省，有一颗婴儿般真诚的心灵。正如歌德所言，他应当是"人性之中的至人"，他应当是一个"真正的人"。他应当尽可能地在举世滔滔中坚守自己的原则，维护人类伦理的价值。在马克思那里，他是"脱离了低级趣味的人"；在孔子那里，他应当是真正的"贵君子而求圣贤"；在耶稣那里，他应当具有"救世主"的勇气和毅力；在佛陀那里，他应当具有"舍己救人"的担

---

① 德文为：Er wirkt auf die Gesellschaft; diese gründet sich auf den Begriff der Freiheit; sie und jedes Mitglied derselben ist frei; und er darf sie nicht anders behandeln, als durch moralische Mittel. Der Gelehrte wird nicht in die Versuchung kommen, die Menschen durch *Zwangsmittel*, durch Gebrauch physischer Gewalt, zur Annahme seiner Ueberzeugungen zu bringen; gegen diese Thorheit sollte man doch in unserem Zeitalter kein Wort mehr zu verlieren haben; aber er soll sie auch nicht *täuschen*. [Fichte: *Einige Vorlesungen über die Bestimmung des Gelehrten*. Quellen Philosophie: *Deutscher Idealismus*, S. 9664 (vgl. Fichte-W Bd. 6, S. 332) http://www.digitale-bibliothek.de/QP03.htm]费希特：《论学者的使命》，载梁志学主编：《费希特著作选集》第2卷，北京：商务印书馆，1994年，第43—44页。中译文略有改动。

当情怀。

但这些大思想家心目中的"理想形象",多半成为一种标杆,或理想中的"虚幻偶像"。难有真实的血肉可以触摸。而"哲学之士"则不然,他给我们以一种极为真实的活生生的人的形象。尤其是,席勒自己,通过他艰辛坎坷的生命历程,造就了一幅这样的人格理想图。

不仅是中国需要,就是在当今的整体世界学术场域里,可能都面临这样的问题。韩国学者被揭发出造假现象,造假可以理解,可是为何造假却是值得追问。美国学术毫无疑问居于当今世界学术的中心位置,这也不仅是当今中国人(尤其是留美归国居于领导地位者)一家捧之奉之的情景,同样的剧情也在世界各地上演,甚至包括美国人的昔日模范——欧洲诸国(包括德国),但它没有起到当年德国学术被天下景仰时候的那种示范意义,为什么?当然我们不否认,美国大学/学术在当代世界是处于领先地位,可美国学术有那么强的文化生产能力,为什么会让人总觉得它缺乏根基呢?我们要追问的是,事实如此,就是对的吗?

虽然希图"和平崛起",但就"中国威胁论"而言,排除了各种因素的干扰,即便从客观的立场来看,中国现在还远没有资格去"交接霸权"。一个真正能担负起世界责任的大国,仅仅有经济的崛起和强大是不够的,而只有在文化、精神气度上的原创性和海纳百川的胸怀,才会使我们能更好地"面对世界"。法国人会问,"中国准备好了吗"?我想我们必须理性地回答,"我们还没有准备好"。而更重要的是,我们要有这个自觉意识,我们现在必须开始准备。这种准备,首先是在知识精英的层次。而要做好这种准备，首先就需要这些精英人物（如果他们自诩也是的话）扪心自问，我是哲学之士，还是利禄之徒？

也许我的追问过于理想，所谓"水至清则无鱼"，谁又能敢说他毫无现实生存的需要，没有"为稻粱谋"的顾虑？但请注意，哲学之士并非生来圣贤，但他能够时时拷问自我之良心，面对自己精神世界的疲软和衰颓，始终不曾枯竭求进向上的善良意志。

其实，席勒并非受过严格学术训练的专业人士，他之所以能提出如此深刻的学术伦理命题，正可见出学术并非"空中楼阁"，而是与人之社会现实生存密切相关的一种"必要修养方式"。我们也知道，席勒终身在为稻粱而忧虑、而筹谋，与终身无虑于物质基础的歌德不同，席勒之颠沛流离、英年早殇，正是因了他始终不得不为现实的物质生存而奔忙的制约。可即便上天如此"劳其筋骨，饿其体肤"，却仍未将其变成一个利禄之徒，而正相反，铸就了他作为最为典范的哲学之士的资格。要之，则因席勒始终保持了自家心灵的澄净，这是"哲学之士"概念的必有之义。这样说，不是陈义太高，而是设定一个伦理底线。

虽然时间已跨越过四个世纪的光阴，但昔贤的论述却日益灼射出其灿烂的光辉。当现代大学的光环随着美国的"中衰"现象而黯淡。那么，我们究竟应该选择什么样的传统，是否确实需要认真地反思？纸上苍生，也未必不重于千钧啊！

大学的哲学系，其实最应培养哲学之士，但察其事实，亦未必然。其实，一所大学，也未必全都是哲学之士，但哲学种子，却是必须播栽下去的。当功利的喧嚣，已容不下一张安静的书桌时,我们究竟该当如何选择自己前行的足迹?或者,我们可以说,哲学之士诞生于现代大学是一途;另一途又何方招徕哲学之士进入现代大学,使得现代大学,真的不负大学之誉?

现代大学,如何能够成就自身的现时代辉煌呢?那么,何妨就让我们以这一最简单的标志来略作衡量,你的先生中有这样的哲学之士吗?无论教授头顶有怎样的耀眼光环,是院士还是诺奖得主,他敢自信地说一句我是哲学之士吗?

我们危机重重,我们殚精忧思,我们还能否寻得"心灵的澄净",如海德格尔所言,"人,诗意地栖居在大地上"!可仍逃不掉的问题是,我们能否,担起自己的职责?在这个时代里,还能否存在"哲学之士"?

德国现代大学的"忧患时刻"及其学者姿态
——作为"德雷福斯事件"印衬的"贝恩哈德事件"

19世纪以来,法、德两国的相互牵扯,构成了欧洲文明演进的主要动力,这既包括一般意义上的政治/社会史进程,也包括居于精英层面的思想/学术历程。当然,在我,更有趣的发掘,是能将这彼此勾连的形而下与形而上领域打通观之。如是,则相关事件的发生,为这样的"场域全景"的呈现,提供了最佳机遇。在法国,是由"德雷福斯事件"引发的。

德雷福斯上尉

1894年,炮兵军官、犹太人德雷福斯被判为向德国提供军事机密的间谍,法国军方在明知事实的情况下仍然将无辜的德雷福斯上尉流放，让他做了高层军事机密泄露的替罪羊；1896年，真犯被揭露，但军方却"欲盖弥彰"，不愿纠正事实。左拉、纪德等有良知的法国知识精英为此与强大的法国军方展开了一场维护良知与正义的不屈不挠的斗争，其波及面涉及政治、军事、社会、文化等各类场域。几经反复之后，德雷福斯的名誉得到恢复。而左拉则为此付出了惨重代价，由于他在此事件中的反政府立场而被判刑一年，左拉不得不于1898年逃亡英国。

无独有偶，1908年，在德国发生了"贝恩哈德事件"（Der Fall Bernhard），并同样引发了德国学术界与社会的轩然大波。此事貌似偶然，其实孕育了必然因素。此君因被普鲁士教育部高官阿尔特霍夫任命为柏林大学经济学教授而引起轩然大波，也算是"因福得祸"。今天在吾辈看来，颇不可理解。区区一个教授的任命，何至于如此"小题大做"？如此，则必须深入到德国大学史、学术史与政治史语境中去考察。

陈平原先生引现代三大学者（德之雅斯贝尔斯、法之德里达、美之布鲁姆）有关大学论述，总结道："他们都聚焦大学在急遽变化着的当代世界中的地位与作用，都将人文学作为大学的核心，关注其跌宕起伏的命运。"① 这一点印之以德国大学发展史中的重要人物思路，竟也是符合若契。虽然从广义而言，现代大学的概念可以拓展到19世纪初期，但如果考虑到德语语境中"古典大学观"的通用概念，我们此处不妨就将现代大学的概念定义在19、20世纪之交。如此，韦伯的大学论述，正聚焦于一

---

① 陈平原：《自序》，载《大学何为》，北京：北京大学出版社，2006年，第4页。

个非常特殊的时期。

德国大学的发展,自19世纪初期洪堡创建柏林大学,一举奠定下立国的教育学术基础。但这一典范效应并非就能确保"万世江山"的牢固无忧。且不说法、美等国的后加改造,就是在本国语境内的"世系延绵",都颇显艰难。一般而言,在19世纪中,大学与国家形成了一种默契,即大学教授的任命由大学推荐出一组三人候选名单,而呈报政府中的主管部长在其中做出选择;虽然部长并无义务必须如此做,但通常他会尊重惯例。"贝恩哈德事件"的关键不在于贝君以非杰出学者身份而"鲤鱼跳龙门"成了教授,而在它冲击了德国学术赖以维持自身独立性的"伦理底线"。如果不做出应对,学术独立就很可能在政府权力面前"一溃千里"。

对于德国大学制度的缺点,作为彀中人,韦伯其实认识得很清楚。他就非常客观地评判过德、美大学中青年教师制度的利弊,并明显地扬美而贬德。当时美国现代大学仍在建构之中,德国大学因了洪堡模式而享誉世界,他就能做出如此到位的评价,可见其"慧眼如炬",且能不以自家的所谓"民族优势"而自高自大(请注意其时第二帝国的强盛国势)。实际上,韦伯是极清醒的。自1871年实现统一以来,经俾斯麦外则小心翼翼地实施均势政策,内则精心培育国内的社会福利政策,到了20世纪初期,第二帝国确实是一日千里,国势蒸蒸日上。但正如尼采借睡衣来讽刺俾斯麦:

尽管有宽大的服装,

> 德国人仍把理智寻访，
>
> 可悲呵，一旦娴熟于此！
>
> 从此裹在紧身衣中，
>
> 他向他的裁缝，
>
> 向他的俾斯麦转让了——理智！①

如果说尼采是哲人式的睿智，那么韦伯无疑是学者的洞烛。在德国特殊道路之外，意识到德国特殊危机，这是尼采、韦伯这批现代德国知识精英的高明。而他们缺乏与政治精英的有效互动（可以比较古典时代施泰茵与洪堡、费希特等的关系），则又未尝不是德国文明史进程的最悲哀处。这且按下不提。19世纪后期以来德国危机之处颇多，此处也不一一追究，就从德国大学自身的发展史脉络来稍加盘点。虽然，德国大学自18世纪哥廷根大学之崛起，到19世纪初柏林大学之新建，已赫然形成了世界学术场域的"德国制造"；但任何一种范式都不可能"万世太平"，居于世界中心的德国学术亦不例外。在经历过19世纪大规模的留德运动之后，德国学术的优点已赫然呈现于世人眼前，但能否保持自身的学术与教育传统优势，乃是摆在德国学者面前的至关紧要的命题。对这个问题，多数学者似乎并不能察，相当数量的德国学者热衷的，更在于与政治层面（帝国）的密切结合。

这种现象，是非常可怕的。试想，如果连作为民族灯塔的知识精英人物亦津津乐道于学术的政治功利用途，那么这个民族还

---

① 尼采：《睡衣一瞥》（1884年），载《尼采诗集》，周国平译，北京：中国文联出版公司，1986年，第113页。

能保留多少有独立思考和清醒意识的可能？这个问题的严重性，到20世纪初的时候就表现得极为清楚了，威廉二世推行"世界政策"固然得到了政治、经济精英的普遍支持，但相当部分知识精英的同声应和的作用也决不容忽视（如普鲁士学派的历史学家们的理论设计）。到了19世纪末、20世纪初，德国已经面临一个"忧患时刻"，这不仅受制于历史的偶然因素，如威廉二世的好大喜功与怪异性格，也与事物发展的内在规律密切相关，由强调德意志民族"文化特殊性"以捍卫自己民族独立发展而来的强烈民族主义情绪，已超越了必要的界限，而跨越向"民族沙文主义"的陷阱。所谓"十年河东，十年河西"，都是前人总结的经验之言，验之以德意志，真是一点不虚。

不过，遗憾的是，在当时的德国知识精英中，像韦伯这样的人物似如凤毛麟角。在贝恩哈德事件中，哈纳克（Harnarck，Adolf）、德尔布吕克等教授纷纷出来发言，与韦伯的意见恰恰构成了一种张力。由此，我们可以看出法、德知识界在面对政治国家时的不同立场取向。虽然论战当时火药味相当浓，也不排除其中掺杂着各种各样的非学术因素，但事后观之，

哈纳克

这样一种论战，确实关涉德意志民族走向的重大问题，即便是那些与政治国家略显接近的学者，也没有"昧了良心"为政府辩护，而基本都能站在"论理"的立场进行讨论。

贝恩哈德诚然不是卓有成就的学者,但也绝不是"滥竽充数"的南郭先生。其所撰《波兰问题》(Die Polenfrage,1907)实际上对韦伯原有的学术思路是有推进的。再加以韦伯自己心里清楚,德国的大学/学术制度本身就不太合理,能否当上教授有很大程度的"撞大运"的成分在内(他自嘲说自己就是这种情况),所以他的发言绝不是针对贝恩哈德本人去的。

因为在韦伯眼中,这是一种挑衅,或是一种标志,意味着政治强权对学术自由的侵犯。当然,必须还要揭示的,是韦伯与阿尔特霍夫的关系。阿尔特霍夫(Althoff, Friedrich, 1839—1908)这样的人物,我们一般关注不够,其实是有问题的。此君早年从事过行政工作,1872年起任教于斯特拉斯堡大学,1882年出任普鲁士教育部学术委员会秘书长,1897—1907年间任教育部高等教育与大学事务部长。应该说,阿氏是普鲁士大学发展的功臣,他不但大幅度增长了大学经费,而且对大学自治有很深的认识。在他身上,学者与官僚的双重性表现得非常明显。对此,勒曼的描述是可信的,即阿氏受权力欲之驱使而希望扩展其影响力范围,他既不想因为国家的主权利益而破坏大学的自治,又希望国家能参与乃至主导大学管理的决策过程。①

这一点,从阿氏百年之后,德国学界与文化界对他的维护中仍可看得到印证。可如此强调阿尔特霍夫的教育史意义,并不意味着韦伯的质问是没有道理的。虽然韦伯对阿氏的批评,不无报

---

① Lehumann, Rudolf: *Der Unterricht bis zum Weltkrieg* 1892—1914. 转引自[德]韦伯著,[英]希尔斯编:《韦伯论大学》,孙传钊译,江苏:江苏人民出版社,2006年,第47页。

"一箭之仇"的因素,但总体来说,韦伯对德国现代大学的危机,是洞烛机深的。韦伯其实已经表达得很清楚,他要攻击的,就是所谓的"阿尔特霍夫体制"(System Alfhoff)。尽管在19世纪后期已成为世界学术场域的中心,但德国大学的现代转型并不成功,作为一种现代大学范式,哥廷根—柏林大学的演进路线,确实非常有特色。但当法、英步武而至,俄、美先后效仿,连日、中等国都陆续遣人留德时,德国人其实必须考虑的是,如何才能在后发者的"快步追赶"过程中"未雨绸缪",保持自家的领先地位?可偌大的德意志,又有几人能念及此?有之,韦伯可谓是也。今人多半将德国大学的衰落归于希特勒与纳粹的上台,诚然。但如果细加追问,当20世纪50年代以后,德国政治体制完全改观,何以大学仍难以恢复昔日雄风哉?或曰,有当初的"元气大伤",恢复必假以时日;可转眼一甲子过去,时间亦进入了21世纪,德国大学为何不但不见一点"王者气象",反而日益消沉哉?在我看来,德国大学的现代转型(狭义概念)并不成功。

当费希特、席勒、洪堡、谢林等以知识精英(或哲人、或学者、或兼具)的身份展现出对大学问题的充分关注时,德国古典一代确实以他们的终极关怀展现出人类精神史上最优秀的一代人的"人格养成"与"高屋建瓴";不仅如此,后起之黑格尔、兰克、狄尔泰等人亦同样在诸多领域开辟鸿蒙,通过层层推进将现代学术的建设事业推向分科而治的19世纪时代。可世事总是"盛极必衰",当以美国为代表的万人留德成为世界留学史上一道亮丽风景,德国终被世人所公认为学术场域中心之际,它的危机也就开始了。所以国人讲"持盈保泰",其实是非常有道理的。

"生于忧患，死于安乐"，或许过于沉重，但就智力竞逐而言，不可能有"打下江山一劳永逸"之事，没有浮士德永无止境的对真理强烈向往的探索精神，即便曾获冠于世，也绝不可能永远保持科学探索高峰途中的领先地位。

现代德国的学者们（此处指19世纪后期至20世纪前期），多半因其世界场域学术地位的获得，再加以第二帝国的中兴事业，而往往难得清醒的省思意识，尤其不再呈现出18世纪末期以后的那代知识精英的天下情怀与世界公民自觉，是十分可惜的。而像韦伯这样的人物，同样有极为强烈的民族—国家意识，但却能以一种冷峻的省思态度（或策略）去面对自己的传统与问题，并敢于发言，其实十分难得。因此，韦伯其人，也就有了象征那个时代而又超越其时代的特殊的学术史、思想史乃至社会史的意义。

现代德国要完成的任务有双重，一是民族—国家的政治统一；二是学术—教育的规制确立。前者做得颇为成功，这不仅是指"铁血政策"的成功，更意味着俾斯麦老谋深算的社会政策的实施；后者则几乎没有提上议事日程，虽然由哥廷根大学—柏林大学的建立与改革，充分确立了德国大学的世界领导地位，但这种建设是先发性的，与第二帝国的政治建设并不完全配套，所以，在更深刻的意义上，进入19世纪后期，德国大学仍需要一次相应的现代转型（扩而言之，乃是学术—教育的整体转型），而实际上是没有的。从日后的德国史进程来看，不能不说这是一大缺憾。

德国学术场域到了世纪之交有一大变，其变革之要点在于制度性的问题。相比较狄尔泰、谢勒尔、文德尔班这代人的"承统开新",韦伯与胡塞尔这代人的思考,则主要集中在"专家新说"。这一点,从狄尔泰与胡塞尔的交谊和论争之中可以看得很清楚。由狄尔泰到胡塞尔,即从"精神学术"转往"现象学",其实都未能摆脱德国学术与思想的根本传统,一言蔽之,仍在黑格尔的"精神现象学"笼罩之下。胡塞尔对狄尔泰甚为推重,认为其关于精神学术的工作是对他的现象学的天才性的准备。在他看来,其观念的现象学是"在1913—1925年完成的","它与狄尔泰非常接近,尽管方法是非常不同的"[①]。但作为德国现代学术转折的关键点,胡塞尔与狄尔泰代表的其实是两个很不同的趋向,狄尔泰重通人之学,强调"精神学术"的贯通性,而胡塞尔则更注重专门之学,更注重学术研究的"孤军深入"。即便两者抱有好感,在事关根本理念的学术之争,却都不会稍有让步。狄尔泰可以对胡塞尔的大著大加褒奖,甚至以其为题开设研究班课程;胡塞尔也会专程拜望前辈,表达敬意。但这决不会避免两者日后的唇枪舌剑、相互辩论,因为这关涉德国现代学术转型的根本问题。1911年,胡塞尔发表《作为严格科学的哲学》,首先挑起战火,其核心观点是应以追求最终真理为科学理念,而批评了狄尔泰的历史主义和世界观哲学[②]。但是,与黑格尔建立刺猬式的宏大体系却往往语焉不详不同,到了胡塞尔这一代,已经有明确的专家意识与学科基础;即便狄尔泰试图通论"精神学术",亦同

[①] 胡塞尔1929年6月27日致米施信,转引自里克曼:《狄尔泰》,北京:中国社会科学出版社,1989年,第312页。

[②] 此文发表于新创办的《逻各斯》杂志,参见张庆熊:《熊十力的新唯识论与胡塞尔的现象学》,上海:上海人民出版社,1995年,第297页。

样是希望建立在现代学科的"学术范式"基础之上,而非如黑格尔一般,是以一种哲人的浩瀚大度来宏握世界。所以,由此我们可以看到,不仅是客观条件,而且在德国学术内在发展脉络上,也足以说明以分科治学为基础的现代学术的萌动也已"不可阻挡"。

仅从此"贝恩哈德事件"来看,其实并不足以掀起轩然大波,可事实上这一论战牵涉到相当多的著名经济学家,如瓦格纳(Wagner, Adolf, 1835—1917)、施莫勒(Schmoller, Gustav, 1838—1917)、桑巴特(Sombart, Werner, 1863—1941)等,并进而在德国学术/教育场域引起了强烈反响,其主要原因仍是它可以被作为一个"导火索"。这区区小事揭开了德国学术/政治制度长期积抑的"潘多拉"盒子。

必须指出的是,这其中的一个"博弈格局"值得关注,即大学教授与教育官员之间是相互博弈的关系,而非领导与被领导的关系。这种现象值得特别揭出。在普鲁士王国,大学教授的身份是国家公务员,不是单纯的教师,其社会地位自有其受保障处。甚至不仅如此,如果我们注意到普鲁士的制度设计,当初尚未执掌大权的俾斯麦很奇怪国王在危难情况下不动用军队,但威廉一世告诉他,他需要考虑法律。这其实给我们以很好的启发,即不管在任何时候,都不应简单地使用所谓"暴力最强者胜"的元规则,因为其后患无穷。而这一点"公民常识",在专制时代的普鲁士尚且如此,国人可能真的会感到惭愧?

所以,就此事件引发的风潮来看,一方面,大学者不可能没有自家的"现实关怀",无论是政治,还是民众。韦伯的学问,其实与现实政治和社会,是紧密相连的。就以其重要代表作《宗教社会学论文集》(*Gesammelte Aufsaetze zur Religionssoziologie*)而言,共三卷,第一卷包括《序言》(1920),《新教伦理与资本主义精神》(1904—1905),《基督新教诸教派与资本主义精神》(1906),《世界诸宗教之经济伦理》[其中包括:《导论》(1915),《儒教与道教》(1915),《中间考察——宗教拒世的阶段与方向》(1915)]。第二卷包括《世界诸宗教之经济伦理》(续):《印度教与佛教》(1916—1917)。第三卷包括《世界诸宗教之经济伦理》(续):《古犹太教》(1917—1919)。韦伯在他的整套论文集里试图构建一个庞大完整的体系,通过对东西方诸大宗教的对比研究,来突出西方基督教文明的特点与作用,其目的在于对人类之形成发展有宏观之把握;甚至也不仅如此,他对现实政治也有直接介入与参与的时候,且不说其在一战中发表的大量政论类文章,就是当其20世纪初期游美之时,所感受到的危机感,就足见其爱国者的态度。可大学者的可爱与可贵也正表现在此处,即便如此,他也不会纵容和压抑自己对这个国家的意见——具体表现则为政府,为高官的行为。更重要的原因当然在于,作为大学者的韦伯具备深刻的"洞烛之力",由区区的"贝恩哈德事件"而联系到德国现代大学的"忧患时刻",并毅然而"以笔为旗",表现出具有学术伦理意识的学者姿态,这是作为学术共同体同人的自觉意识,值得充分肯定。遗憾的是,德国现代大学与现代学术的转型问题,似乎并未因此而得到德国学者共同体的充分认知,这是足可遗憾的。20世纪进程中,世界学术场域由德国到美国的变迁,固然有诸多政治、社会等外在因素的制约,但德国学者共同体本身的自觉意识与省思立场的缺失,未尝不是重要的主观原因。而当代德国学术/思想的式微,也自是有其传统发展的一脉相承的因子的。

参考文献:

[德] 马克斯·韦伯:《韦伯论大学》,孙传钊译,南京:凤凰出版传媒集团/江苏人民出版社,2006年。

[德] 玛丽安妮·韦伯:《马克斯·韦伯传》,阎克文等译,南京:江苏人民出版社,2002年。

精英大学战未休——由德国大学排行榜想到的[①]

由于所治专业领域的关系,对德国大学之发展向来关心。与德国学者交流之际,总不忘在闲暇时追问:洪堡精神今何如?答案似乎总是让我失望。在他们眼中,这似乎已是过分"高雅"乃至"不合时宜"的话题。"落花流水春去也",昔日曾经让世人无比振奋的德国大学,今日竟如此"花果飘零",让有识者无不辛酸感慨。

如今读到德国精英大学的评选结果,既在思考之外,又在意料之中。今人论说大学,美则哈佛、耶鲁,英则牛津、剑桥,日有东京、京都,中有北大、清华,惟论及欧陆大学,似乎无法以偏概全。尤其是德、法两国传统颇相径庭,值得我们认真对待。在法国,最精英的大学不是所谓的巴黎诸大(1—14大),而是大

[①] 关于德国精英大学的信息,本文参考了德国网上的报道及《德国精英大学评选结果揭晓》,载《德国快讯》2006年第2、3期合刊。

学校中的巴黎高师、巴黎理工等等；在德国，则各大学轩轾并立，难有鹤立鸡群者。而如今德国联邦教育部欲以庞大经费支持所谓精英大学之发展，殊不知是对美国亦步亦趋，而将其民族传统之精粹弃之殆尽。

这并不就是说德国大学史上就没有领袖群伦的一流大学，在我看来，18世纪的哥廷根，19世纪的柏林，都曾起到这样的功用。可问题在于，这一传统，进入20世纪下半叶后为何就戛然而止了呢？其中难道真有奥义存焉？柏林大学学术地位的衰落，与政治环境密切相应，纳粹的种族政策，使得德国学术迅速跌宕；而1945年后，洪堡大学与自由大学的分立，更使得柏林大学的传统一分为二，难得延续昔日的辉煌局面。20世纪的德国，缺乏这样领袖群伦的大学，尤其是在柏林大学"无可奈何花落去"之后，现在的形势，多少有些"双峰并峙"的趋势，洪堡大学与自由大学，究竟会谱写怎样的大学史篇章，尚要拭目以待。在最近的德国精英大学评比中，两者一下一上，似乎略见端倪。

这份德国大学的名单，由德国科学评议会（Wissenschaftsrat）与德意志研究会（DFG）联手进行的评选，也不妨看作德国当代大学排名的一种相对权威版本。入选大学共十所，亦可看作德国大学的前十名，如果相对淡化其排序，我们可以将其分为三类大学，即古典大学、工业大学、新兴大学。前者包括了全部三座德国古典大学城：海德堡、弗莱堡、图宾根。工大类型是德国的特色：亚琛工大、慕尼黑工大、卡尔斯鲁尔工大榜上有名。糟糕的是，赫赫有名的柏林工大却名落孙山。新兴大学则为：不来梅大学、柏林自由大学、维茨堡大学、慕尼黑大学。

图宾根大学

结果出来后,真是"几家欢乐几家愁"。2100万欧元的资助额度固然具有极大诱惑力,精英大学的名分更为其带来意想不到的声誉。作为新兴大学代表的不来梅大学是一所非常有趣的大学,其校长固然对此始料未及,政客则以"巨大成功"褒扬之(市教育委员 Willi Lemke 语)。巴州占有两席,也就难怪科学部长将其归功为州科研政策的成功了。

落选的大学中,包括一向自居于柏林大学正统的柏林洪堡大学,其校长马克西斯(Christoph Markschies)将此次落选视作对本校的严重警告;莱比锡大学亦是历史名校,歌德曾在此求学,而且该校还培养出多名现代中国文化史上精英人物,包括以改革北大而确立中国现代大学制度基础的蔡元培,还有辜鸿铭、林语堂、周培源等人。其常务副校长施莱格尔(Martin Schlegel)虽然表示不会气馁,但失望之情仍一览无余。但这些大学有一共性,即都是原东德大学。实际上这也反映出德国统一后,原东德地区发展的一个标志,至少它们都未能达到规模宏大、传统悠久、基础设施发达等评价标准。

单纯以原东德地区作为评价标准的话，未免过于强化了政治色彩。实际上过于强调规模性，也是此次评选的一个视野误区。曼海姆大学校长阿恩特（Hans-Wolfgang Arndt）即对此表示遗憾："只有大型大学的未来方案，而没有小型大学的入选可能。"应该说这一批评是相当到位的，而且涉及大学理念问题。即便以美国大学的发展为例，像加州理工这样的小型精英大学，也始终名列前茅。

虽然各界人士反映不一，但并不妨碍其结果的"权威有效"。巨额资助纳入囊中是一方面，由此产生的巨大社会效应更不容忽视。但在这样一种"指标衡量"的背景下，我们要追问的是，如此做法，真的就能带来本国大学的世界地位上升？或者，再进一步追问的是，政府究竟应在大学发展中扮演什么样的角色？国家与大学之间，究竟该是怎样的关系？世界究竟需要的是划一的规则，还是多元的特色？

在欧洲大学史上（甚至在世界范围内），德国大学相对处于后来居上的地位。之所以能如此，乃在于其特色鲜明，始终带有其强烈的"德意志烙印"。这一点，尤其以19世纪柏林大学的建立而标示世界。如果说20世纪30年代的纳粹上台，对德国大学与学术发展是致命一击，因为其驱逐学人之种族主义标准实在不值一驳，而如爱因斯坦等犹太人正是第一流的科学家；可20世纪50年代以来，德国大学对美国大学与学术的亦步亦趋，同样深值反省。表面看来，前者荒唐可笑，后者则名正言顺。但究其实质，德国大学同样失去了其"传统根基"。漂浮无根，恐怕是

20世纪下半叶以来的德国大学史上最值得总结的问题。而这一问题，将随着欧盟统一学制的建立而日益凸显。

必须指出是，在20世纪90年代之后，德国统一并没有确立起德国人要走自己的道路的决心，我指的是"文化思想"领域，而非"政治军事"上的"德国的欧洲"（Deutschlands Europa）还是"欧洲的德国"（Europas Deutschland）的争论。如此立论，并非是说知识精英如哈贝马斯等人没有自己的全盘思考，而是指德国作为一个原本极具独立品格概念的文明国度，而逐渐丧失其立足世界民族之林的根基。英雄造时势，时势更造英雄。我们虽然为哈贝马斯这样的坚持启蒙立场的日耳曼精英而感动，但现代性在当代的发展，真的让人徒唤奈何。或许，这真的是一个不需要英雄的时代。从这个意义上来说，福柯将尼采的"上帝已死"推演到"凡人已死"，或许真的不无道理。当代的德国，与吾辈理念中的"德国概念"相去日远，与古典时代更是天壤有别。

我们要追问的是，"德国人失去自信力了吗"？

我们更想问的或许还是，"除了美国道路，这世界是否也允许每个有传统与自信的国家，走出自己的道路"？

德国人评选精英大学，乃至顶级科研中心、研究生院的措施，实际上也都是建设"一流大学"，争取国际竞争力的思路。由是观之，中国之将"一流大学"时时放在口边，原非特立独行之举。世界范围的"仿美潮流"，原是大势所趋。可问题在于，潮流所向，便是对的吗？便是真理吗？如果不是，怎么办？

精英大学，究竟意味着什么？精英大学的标准，究竟又是以什么样的尺度来确认？更重要的，或许还应是客观的历史沉淀。

当然，西方的大学评比或排行，其尺度相对公正一些。大学校长都是很有身份的学者，大致不会在官员面前太过"丢份"。至少不会有如此鲜明的所谓"跑步（部）前（钱）进"的"中国特色"。即便如此，当代的西方大学仍少让人感觉到昔日的"风骨俨然"。这或许仍是和民族传统与精神底气有关。且举两例。

日本民族，向来是个"认赌服输"的角色，它服膺强者，所以当年德国人强盛时，它以第二帝国为师；后来美国人将它打趴下了，它又"以美为师"。事实上，它也取得了相当"快餐式"的成功，因为无论是当年的"崛起环岛，称霸东亚"；还是二战后的经济腾飞，都说明日本人学先进还是有一套的。但日本人是最优秀的"摹仿者"，却绝不是成功的"创造者"。而问题恰恰在于，人类文明的演进最需要的是"创造者"，而非"摹仿者"。法国是唯一的"逆潮流而动者"，当今世界对美国的对抗，如有最坚定者，当属法国人，尤其是在文化、思想层面的长驱直入，简直是势不可挡，他们是当之无愧的"创造者"，虽然创造出来的成果未必没有"疵瑕"乃至"问题"。尽管他们的学者也在抱怨美国影响的无孔不入，譬如说计量考核制度。可无论如何，从普遍意义上看，法国人是在坚守自己的传统并进行了"转化性之创造"的。这一点或许正可以看作20世纪下半期以来德、法思想消长的一个重要因素。

由德国的精英大学榜单到德、法学术/思想的20世纪消长，话题未免略有些扯得远了。但无论如何，面对欧盟统一学制（三、五、八）正以一种"标准尺度"吞噬着各具特色的欧洲大学的事实，德国上下近乎一致地准备融入此制度（近乎放弃原有德国大学传统），而法国人却不会将他们卓有特色的大学校丢开。这样的抉择，其后果将会在若干年后特别彰显出来，如谓不信，且拭目以待。应该说，大学排行始终是一个招人眼球的话题，德国精英大学的升降也不会因此而结束，虽然在吾辈眼中，始终有一个洪堡时代的柏林大学作为标尺，但彼德国已非此德国。昔日残破的普鲁士邦所透露出的精英风采，与今日貌似辉煌的统一德国的气象，是不可同日而语的。不由想起了杜牧的《阿房宫赋》："呜呼！灭六国者，六国也，非秦也。族秦者，秦也，非天下也。嗟夫，使六国各爱其人，则足以拒秦；秦复爱六国之人，则递三世可至万世而为君，谁得而族灭也？秦人不暇自哀，而后人哀之；后人哀之而不鉴之，亦使后人复哀后人也。"我也模仿一段："呜呼！毁德国者，德国也，非他也。使德国自珍其传统，则足以拒美，则递数世可至万世而傲立于世界民族之林，谁得而族灭也？德人不暇自哀，而外人哀之；外人哀之而不鉴之，亦使外人复哀外人也。"

第三辑：中国大学

传统资源如何进行现代阐释?

陈平原先生强调中国学术文化的千年血脉之承续,认为:"中国现代学术的建立,并不只是'西学东渐'的顺利展开。"① 但正如我所言:"如果不是'西学东渐'思路与留学生主导地位的过于强大,也不至于如此强调对"西学东渐"的反思了。"② 张亚群教授著《科举革废与近代中国高等教育的转型》,突出作为传统中国教育/人才选拔制度的科举视角,并由此考察近代中国高等教育的转型问题,入手处独特,致用意识明显,所论颇为发人深省。作者夫子自道称:"从科举考试变革视角,探究传统高等教育如何转变为近代高等教育及其深远影响,与学术界'西学

---

① 陈平原:《中国现代学术之建立——以章太炎、胡适之为中心》,北京:北京大学出版社,1998年,第13页。
② 叶隽:《另一种西学——中国现代留德学人及其对德国文化的接受》,北京:北京大学出版社,2005年,第24页。

东渐'的研究视角相互补充。"① 由此观之，则作者虽注重"西学东渐"与西方近代高等教育制度传入的因素②，但立意仍在由传统向现代转型的自身维度考察上。

毫无疑问，科举制是中国延续千年的传统教育的中心环节。之所以称其为中心，就不仅在于它代表着传统高等教育制度，更因为其兼备官僚人才选拔制度的功能。前者更多关系教育的社会性因素，而后者则直接取决于政治性制约。这，也正是现代教育面临的困惑所在。传统社会之中，政治的强大功能无处不在，脱离政治谈论教育，基本是"缘木求鱼"；但现代社会，则强调政治权力的消解以及个体自由的获得，但政治的惯性强大力量并非短时期内就可完全摆脱，在后发的现代性国家如中国则更是如此，这两者之间的张力维度如何调试，形成较为和谐平衡的状态，是一大难题。有论者特别强调"个性的自由发展与人的社会化之间的矛盾"③，其实正可与此题互为参照。

在传统社会里，政治的笼罩之力无处不在。说到底，还是家天下的"皇帝老儿"在作祟，科举制的功用，与其说是教育性公益，还不如说是政治化功能——取士。作者这里摘出的清初科举改革之呼声，其实值得关注。而对其利弊的分析，则不难看出作者见识："由于科举考试利弊参半，与荐举制相比，考试任官更具客观公平性，因而为一般士人所认同；更为重要的是，受封建

---

① 张亚群：《科举革废与近代中国高等教育的转型》，武汉：华中师范大学出版社，2005年，第5页。
② 同①，第28页。
③ 王毅：《教育：我最近在想什么——吕型伟访谈录》，载《教育发展研究》2005年第9B期，第2页。

专制政治、社会文化诸因素以及大规模选拔性考试发展规律的制约,科举考试改革难以突破四书、五经命题和八股取士的藩篱。"[1] 这里提出的,其实是一个具有普遍意义的命题,即求"公正"还是"效率"?从1783年(乾隆三年)的那场论争里我们不难看出,并非没有人认识到科举之弊,所谓:"科举之制,凭文而取,按格而官,已非良法;况积弊日深,侥幸日众。"(兵部侍郎舒赫德语)。说得已很明白。但主持朝政的大学士鄂尔泰、重臣张廷玉等都主张不可废,难道他们这些国之宰执(自己就是从这制度过来的)不明白"应将考试条款改移更张,别思所以遴拔真才实学之道"[2]吗?由此可见,事物本身的利弊是一回事,但由其牵涉出的复杂的利益关系纠葛往往才是在历史进程中得到更多关注与考量的因素。因为处于宰执之位,首先考虑的恐怕就是帝国/社会的稳定、平衡。这点,我们回头看看北宋时代那场以君子之争始的改革就可以知道,司马光等人岂不知旧政之弊,但新政猛于虎的事实说明,即便是王安石这样的理想型人物,也不可能在旧有利益与力量平衡问题未得解决之前真的能成功推行新政。新政(或谓改革),说来容易,真的要实施,必须要有从容平和的主体心境,还要有水到渠成的天时地利人和。当然,如此立论,只是充分认识到改革本身的难度,而并非就是说科举不可改革,不需改革。

这个问题,当西学东渐一浪高过一浪,西方科学知识及其体

---

[1] 张亚群:《科举革废与近代中国高等教育的转型》,武汉:华中师范大学出版社,2005年,第26页。
[2] 同①,第25页。

系化制度,都以一种极为强大的方式涌入中国时,就充分地反映出来。因为中国缺乏应对的文化机制,科举制的长期积弊,再加上国势本身的衰落(首先是"国学"本身的颓落),使得中国传统之学在西学面前毫无抗衡之力(实质上的)。西学从内容到制度(包括学术/教育制度)在现代中国的全面确立,就充分说明了这点。

京师大学堂匾

这一方面固然是中国之幸,因为近代以来的西学东渐,即便是放置在人类知识进步的历史中,也是最值得骄傲的"广汲天下知识(主要是西学)于中华"的成功;但从长远角度看,则未必是人类之福,因为世界上唯一一个具有古老文明今世延续性的传统精华被深深地遮蔽了。事实上,科举制的知识含量意味深长,这不但从其欧洲影响可以见出,就本身的教育/取士双重功能而言,也还至今未见能有另一种新制度可以完全取代它。在我看来,科举制(及作为其附属物的书院制度)并未能得以批判性的继承与保存,而是被统统扔进了垃圾堆。这绝对是一个重大失误。保存国粹的必要性,将随之历史进程本身,越来越彰显出其重要意义。如法国,它最有特色的"大学校"制度,诞生虽晚,却一直被作为"国粹"之一种保存了下来,即便在目前进行的"欧盟教育体制"整合过程中,依然没有消解的任何迹象。而科举制的最后"黄钟绝响",则不啻是中国文明进入现代过程中最大的伤痛。

在张亚群的《科举革废与近代中国高等教育的转型》一书第241—246页，作者列出了四点科举制革废的历史局限性：改革迟缓延误近代高等教育的发展；科举选士与学校育才两者间目的与功能相混淆，误导新式高等教育目标；高等教育变革未能继承科举制合理内核，对普及乡村教育和维护教育公平产生负面影响；没有真正建立和有效实行现代文官考试制度，制约专门人才的合理使用。我认为，其核心就在于"放弃自家的传统根基，跟风他人却盲无所依"。如果说科举制是一个铜板的两面，正面是"取士"，反面是"教育"；那么，新式教育只接过了一种任务，即"教育"；但"取士"这一政治精英选拔功能则荡然无存。民国时代开始的中国政治之紊乱，以及后续历史政治精英（尤其是具体管理层面的知识官僚）之缺乏，固然有时代背景与国际政治的诸多制约因素，但较为稳固与有效的取士制度之消逝，亦为根本症结。相比之下，法国的大学校，这方面的功能就持久而恒定，其高级行政学校作为国家最高政治官僚的教育机构，功用巨大。"为官"，是治国的一项基本工程建设，能否以有效的制度建成一套具备较高素质、较好教养的官僚队伍，对任何一个时代、任何一个国家都意义重大。在这个方面，我以为作者之观点尚欠鲜明，这绝不是一个单纯的"制约专门人才的合理使用"的问题，而是关系到国本的"政治精英"或至少是"高级官僚"制度性建设的瓶颈问题。作者的致用意识显然明白无余，第八章明确列出"科举革废对现代高等教育改革的启示"，从选拔性考试发展的一般规律、高校招生改革的导向、科举制对自学考试的借鉴意义直接论述其当下功用。但这种内容，其实离题颇远，似宜另专文论述,放在此处多少觉得有些碍眼。就学术本身而言,不妨单刀直入,更深刻地追问科举制本身牵涉到的根本性问题。当然如此要求,近乎苛论,教育研究缺乏自身独立的方法论基础、又时而不得不凸显其略过常度的"致用性"一面(这也是时有论者质疑教育研究合法性问题的重要原因之一);就教育史学科而言,作者科班出身的史学修养,明显使此著在学术含量上高出一筹。

譬如西方的公务员制度,实际上是借鉴科举制的优点而建立起来的。由此可见,这不是一个简单的"橘生淮南淮北"的问题,而是如何有效发挥其合理内涵的问题。而关键则在于,如何借鉴最有益的滋养,而形成自家的"创造性生成"。就资源而言,外来养分当然要重视,自家传统尤其要"体贴"。拿来主义的前提,是不当"败家子"。

中国传统高等教育的根本目的是"取士";而现代大学的兴起,则出于对知识进行科学探索的需求。这里所指的,是指以1809年德国柏林大学建立为标志的现代大学,也就是说,现代大学对传统高教(大学)的替代,是全球性的。这既表现在本国大学的传统向现代转型,也表现在世界范围内的"异地移植"过程。最典型的代表,是美国。请注意:"到1900年为止,横渡大西洋到欧洲伟大的学术研究中心,主要是德国的大学留学的差不多1万名美国学者,坚定地服膺于学术研究和以科研为基础的教学和学习的思想回到美国。"① 这一国际教育交流史上的划时代事件,使得美国后来发生了学术革命,并在20世纪30年代后迅速

---

① [美]伯顿·克拉克:《探究的场所——现代大学的科研和研究生教育》,王承绪译,杭州:浙江教育出版社,2001年,第3页。

崛起，取代德国成为世界高教与科研中心。现代中国教育与学术的建立，必须纳入到这一全球背景下，才能看得清楚。其实，在此一过程中，也同样是留学生扮演了重要角色，蔡元培的北大改革尤其具有关键性意义。

但必须指出的是，中国又是具有相当大特殊性的国家，即它本身具备极为独特的、悠久的高等教育传统。这或许也可以理解为"轴心时代"向"全球时代"转型的一个重要标志，孤立的发展，再也不可能；全球的联系，已经成为现实。所谓"教育变革总是社会变革的结果和征兆，前者要从后者得到解释"①，不仅如此，作为社会变革重要组成部分的教育改革，又必然参与乃至影响社会变革的进程。当年，俾斯麦经三次王朝战争统一德国，一时为世瞩目。德军参谋总长毛奇却说德军之胜利当归功于小学校生徒："非吾侪之功，实彼等之力。"② 其实，正从另一方面反映出德国教育改革在国家建构过程中的功用。融入世界，既是机遇，也是潮流，"世界大势，浩浩荡荡，顺之则昌，逆之则亡"，中国走向世界的过程，既可以看作是一代代先知者探索求知、救亡图存的不懈努力的接力赛；也可以看作是世界走向全球化时代的必然历程，它是不以人的意志为转移的。所以，探讨现代中国高等教育的建立（当然就包括了近代高等教育转型的题目），不仅要突出"中国传统向现代"的维度，甚至也不能仅观照"中与西对峙"的维度，而是要能将"全球化的世界"纳入视野，在这

---

① ［英］戴维·布莱克莱吉等：《当代教育社会学流派——对教育的社会学解释》，王波等译，北京：春秋出版社，1989年，第10页。

② 参见梁启超：《教育政策拟议》，载朱有瓛主编：《中国近代学制史料》第二辑下册，上海：华东师范大学出版社，1989年，第948页。

个框架下来理解现代中国的整体转型,或许更容易贴切些。如此立说,并非就敢忽视传统资源的"千年累积",而是强调,全球化已成现实,那么本土意识就必须鱼入大海、进入世界思考的宏观语境中去,这样才能更好地返归自我问题的探索。

其实,对于全球化时代的现代中国而言,如何安身立命,最为关键处,恐怕仍在于"反求诸己"。不过,经由何种途径达致此点,却实在是最为重要而棘手的问题,既见仁见智,又考量智慧。正是从这个意义上来看,重新探究科举革废问题,其意义尤为深远。① 我总认为,"矫枉过正"是五四一代人最大的问题,但事实上,这一病急乱投医的现象,并非仅存于五四一代。晚清那代人中的精英分子,莫不有此倾向,康、梁等人不用说了;清末革废科举,亦同样可视作此看。救亡与启蒙的心态压倒了一切,这肯定有问题。任何时代都不乏激动人心的大事壮举,也都不乏牵引人挺身其中的诱惑与魅力。但在我看来,相比之下,那些坚守书斋的寂寞者,或许相对少了些。而他们的功用,则未必就比"激烈介入者"不重要。当然事后作此议论,未免有"看人挑担不吃力"之嫌,苛求古人。然则就长焦距的历史眼光衡量之,知识的积累、理路的推进、求真的标的,本非一时一地即可成立竿见影之功效。这或许,正是我们传统中不足之处。今天的中国,何幸已不复了当初亡国灭种的悲歌情绪,知识人的心态可否也能自觉地从功利大潮中脱身些出来,沉入寂寞,去思考生命的本真之路,去探究知性增长的有效途径,而不为那些以数量计、以功

---

① 可参见罗志田:《清季科举制改革的社会影响》,载《中国社会科学》1998年第4期。

利衡的"现世标准"所惑,更"莫使后人复哀后人也"。"众人拾柴火焰高"、"薪火相传苍原燎",无论是学术建设、文化建设,乃至国家建设,都是众人之事,每个人能完成的部分都是有限的,但在现世的生活中,我们能坚守住自己的位置,求得庶几问心无愧,也就是了。

大学精神何处寻

学界似乎总是定期轮换一定的热点话题:20世纪90年代初有学术传统重建的命题,后来又逐渐演变成对百年学术史的整理和学术规范的探讨;近年以来,大学史研究与相关图书出版逐步升温,大学精神相应成为了热门话题。

开风气之先者,当属陈平原、夏晓虹主编的《北大旧事》。此书虽是选编,但其中所凸显的学术眼光,与随后的一些赶北大校庆时髦的跟风图书相比,自是大异其趣;而由学界公认的三联书店推出,意义也超出北大回忆录之本身;到《老北大的故事》一书出版,则大学史研究已经呼之欲出了,此书一改经院式的学术研究风格,以考据出故事,以故事见精神,将北大百年的若干问题一一道出,不乏人文学者的"人间情怀"。在北大百年校庆的诸多专著读物中,此书以其兼顾学术品位与美文笔调而独树一帜。

北京大学

陈氏二书之受好评与畅销,引发了书界的一股大学热。先是出版《老北大的故事》的江苏文艺出版社一鼓作气推出了一套"老大学的故事",包括老清华、老中大等,惜乎多是前人文章选编,能如陈平原先生一样由自身之研究而发为专著者,尚未之见。

既然学界之研究与运作实力尚不足以推出这样的专著,不如干脆请高明的学者编选这样的文集,借名家眼光来弥补选本相对专著之不足,于是有四川人民出版社所推出的"中华学府丛书",其中有:北大中文系钱理群编《走近北大》,清华中文系葛兆光编《走近清华》,复旦中文系陈思和编《走近复旦》。

在具体学府以外来探讨大学精神的,有辽海出版社推出的杨东平所编《大学精神》。该书着意凸显百年以来中国大学史上的经典文献,分为大学的理念、学术自由、通才教育、学生自治、寄语青年学生、大师办学、经典文本等七编，读者不难通过这样的设计，领略百年中国大学精神。由梳理百年中国大学的经典文献，进而重温大学精神，其中不乏学术眼光和启人深思之处。

其实，讨论大学之历史与精神，放眼世界，显然比局限于中国一隅更有价值。有鉴于此，上海文艺出版社别有会心地推出了"世界名校文化丛录"丛书，第一辑包括四种。有张凤的《哈佛心影录》、孙康宜的《耶鲁：性别与文化》、王海龙的《哥大与现代中国》，但既是立足中国，没有中国大学则总觉尴尬。可与哈佛、耶鲁这些世界一流大学相比，北大、清华虽是中国的超一流，但在世界顶尖大学中却无立足之地。思之虽感惭愧，却又不得不承认这一事实。故此，主事人别出心裁，邀请近年以研究北大而引人关注的陈平原先生加盟。"并非世界一流大学的北大，在东方文明古国崛起的过程中发挥如此巨大的作用，这种荣耀，又是许多世界一流大学所不具备的"，出于这种体认，陈平原"经受不住出版社的再三劝说"，便有了一本《北大精神及其他》[①]。

郑勇评此书，开题就是"是真精神自风流"描绘出学人气象之大度与潇洒，使人不胜向往。然而《北大精神及其他》之值得一读，倒也无论如何不愧了这样一个好题目。

自1998年举国上下借北大校庆形成一种关于大学的话题和讨论时，我就一直想提一个问题，即：大学精神何处寻？我们心仪大学精神，其实所关心的更是那种精神风骨对于世俗人生的指导和示范意义。但真精神究竟何在？大学精神究竟意味着什么？

---

① 陈平原：《北大精神及其他》，上海：上海文艺出版社，2000年。

如果仅仅是在书本中徜徉徘徊、追溯历史、考察古事，那么意义又何在？周义对陈先生的思路颇有独到见解。在评及《文学史的形成与建构》一书时，他说："本书'中国大学百年'诸篇颇具形上意味，它从横向（发达国家）、纵向（中国传统），这一比较教育的框架中映照今后教育路径，其'问题意识'之沉痛剀切，其应对思路之登高望远，比之今日'应试'、'素质'之腾嚣众口，实胜出多多。"作者颇能体谅学者治学时的深层关怀与寂寞苦衷，认同陈先生所说"作为学术课题的'大学'，不仅仅属于高教科研所，而是属于所有以天下为己任的中国知识分子"。大学作为传统教育史的研究内容，本非人文学者的研究范围和责任，但陈先生之所以跨越边界，却有深意在焉。百年前学术研究何尝有界？百年后今日网络技术之发展更使超越边界成为家常便饭。

我以为，"大学精神"认识与表彰对于中国未来大学之发展可谓"生死攸关"。它至少应包含"兼容并蓄与学术独立"、"养成人格与自由意志"、"保持张力与典范意义"诸方面。这三条六点虽然是针对"大学"而言，但鉴于大学主体分别由校方、教员、学生三方组成，所以这三条也是各有侧重，而分别对应这三方而言。"兼容并蓄与学术独立"主要是指为大学主体的校方之气象风范，及其对内对外的态度方略。所谓"兼容并蓄"者实源自蔡元培校长所提倡的办学方针："循思想自由之原则，取'兼容并包'之主义"，强调大学应"囊括大典，网罗众家"；"学术独立"则要求摆脱外界试图干预、控制大学的任何力量，保持大学的"独立性"和"尊严"。养成人格与自由意志是"大学精神"

的根本所在,更多的是相对学生而言。这涉及一个"大学何为"的问题。德国教育家洪堡提出"由科学而达至修养"(Bildung durch Wissenshaft),即学习的最高目的是达至修养的境界,其手段则是对科学的追寻和探索。反身自顾,这也是我们目前高等教育中仍然存在的问题,即批评者一直指出的:我们重视知识的传授,而相对忽略了人格和修养的培育。就此而言,教员应当更多地承担起"保持张力与典范意义"的责任。虽然大学被人们评为"钻研高深学理"的象牙塔,与世俗社会距离不小;但实际上民众的进步、社会的发展,往往多依赖于"象牙塔"内的孤独精神者奠定学理之基、指明灯塔所在。大学,毕竟是知识的殿堂、智慧的象征。北大的历史就是很好的证明,五四运动之所以能名垂青史、成为划时代的标志,固然是民气所聚、民心所向,但若无《新青年》"春雨润物"的"持之以恒",民气岂是一日可以养成?

而若无北大象牙塔中人的学理之滋润,《新青年》又如何能"长久作战",唤醒民魂?所以在我看来,所谓"保持张力",即教授在潜心学术的同时,保持必要的"人间情怀",保持对社会的一定关注,在必要的时候以适当的方式参与国家社会的发展进程;而这种张力,也意味着热心政治的教授,不要过分地陷入政治运作的怪圈,保持作为学人的独立和思考。具有这种"张力"的教授就具有了"典范意义",其言传身教的影响也就至为深远。陈平原先生谈到自己与中文系"四大导师"——吴组缃、王瑶、季镇淮、林庚的多年交往所感受到的人格风范,那种"从夫子游"所领略的"精神的魅力",正是即将消失,却又令人无限神往更感遗憾的"校园风景"。

教育学研究者之视角与人文学者之思路各有侧重，正有互补之效，所以能得越来越多的人文学者加入此行列，未尝不是一件好事。广西师范大学出版社推出了由钱理群先生主编的"二十世纪中国文学与大学文化"丛书，选取百年中国大学史上一些最有特色的横截面，来凸显大学文化与精神。这包括《二三十年代清华校园文化》、《东南大学与"学衡派"》、《抗战时期的延安鲁艺》、《西南联大：历史情境中的文学活动》、《九十年代校园文化调查》等五种。这种选题所体现出的设计思路和眼光，以及学术研究的态度，无疑有独到之处。一种学问的形成，初时当然有赖于资料和文献的积累，但起步后则更多取决于是否有学者对此课题的深入研究，以逐步构建成学科的框架。

现在谈大学史学科的形成似还太早，但其发展态势无疑让人看好。综观学界、书界对于大学史的发掘、研究与推出，大致包含了两个层面：一是选编资料；二是独立研究。在内容范围上，虽仍以国内为主，但已注意兼及世界。近年都在说建立世界一流大学，但建设一流大学的核心何在？我是同意梅贻琦校长的意见的，即"所谓大学者，非谓有大楼之谓也，有大师之谓也"。研究中国百年大学史，研究世界名校史，看看历史是如何走过的，可为我们今天大学的发展和建设提供极重要的正反两面例证。而大学建设之重要，在于它是民族的思想灵魂，且构建国家未来之文明与历史。陈先生显然寄意深远，称"借助北大这个个案，来考察中国的思想和教育"，如此看来，则北大个案的研究意义已然超出谈论一个大学本身。

其实我之特别推崇《北大精神及其他》一书，倒不仅是欣赏陈先生学问一以贯之的开阔视野、学术眼光、人文关怀，更感兴趣的还是该书文本之外的两种突破，一则是跨越边界的意义，已如前述；二则是"第三种笔墨"的文本价值。陈先生自谦是半学术半文章的尝试。我读此书，如江河泛舟，如坐春风，如沐喜雨。一言以蔽之，此真学者文章也。学术之为文，本非绝对枯燥无味，但今之学者作文多半悬得太高，让大多数人无法卒读；读此书方若有所悟：原来探讨学术也可以这般轻松自如，不必一定要在书桌前正襟危坐。

"大学问题"的历史资源

作为20世纪中国现代化进程中重要命题的大学,其历史原相并非仅是今人津津乐道的"大学精神";其筚路蓝缕过程中的艰辛坎坷,也非外人所能道。陈平原先生涉足大学史领域,以旧事入手(《北大旧事》),以故事表述(《老北大的故事》),委婉道来,动听且动人,让人在回味"逸事"之余,不由不心仪北大,遥想当年大学人物之风采;再则以精神标举,在众多的北大叙述中一举提炼出"北大精神"(《北大精神及其他》)的风仪,让慨叹"大学精神何处寻"的当代学子终知"精神归宿"之当择;①到此书出,虽仍以论文随笔综合而成,但作者研究思路的内在推进,已直逼大学发展的若干深层问题。"大学问题"之浮出水面,当其时也。

---

① 参见叶隽:《大学精神何处寻》,载《博览群书》2000年第8期。

在我看来，由"大学精神"过渡到"大学问题"，其实是一个颇具深意的推进。对于现代中国来说，"大学"命题之重要，不言而喻。虽然，我们可以大力表彰"大学精神"，但归根结底，中国未来之发展，在相当程度上取决于"大学问题"的解决程度。而这一问题，究竟是什么呢？大学目的究竟为何？大学功用如何界定？大学制度怎样构建？大学未来如何发展？21世纪中国背景下的大学，在经济资本与政治权力的挤迫之下，又如何觅得自己的生存空间？这些，都是在莘莘学子无限向往的"精神魅力"背后所无法回避的现实问题。21世纪初北大新一轮的制度改革引起各界无限的关注，就足以证明"大学问题"之在中国，是一个"牵一发而动全身"的大问题。① 同样面对"大学问题"，站在行政管理者角度考虑具体改革方案，与有情怀的人文学者来尝试作"同情之理解"，显然会有相当大的差别，因为立场不同，视角必然有异。但不管是抽象的价值取向、还是具体的操作策略，都会给大学问题的解决提供丰富的阐释与多种可能性。

比起以前的讲故事、彰精神，陈先生强调其《中国大学十讲》一书"以问题为中心"。确实，以"十讲"为名，所凸显的正是其所关注的"大学问题"。具体言之，如政治影响、私学精神、制度建设等等，都是史有前鉴、今演尤烈的大问题，甚至可以说是事关中国大学的未来发展，乃至中国现代化进程成败的关键所在，不可不察。正是从这个意义上来说，陈先生的论述，一方面对前贤充满了"理解之同情"，诸如对梁启超、梁漱溟、梅

---

① 参见陈平原：《我看北大百年变革》，载《南方周末》2003年7月10日。

贻琦等人教育理念的充分表彰；另一方面，对于当下的中国大学发展与改革，也并非是可有可无的"清谈空论"，而具有清醒洞察的"历史资源"意味。不管是古人云"鉴往知来"，还是西哲谓"任何当代史都是世界史"，都足以证明惟有历史是最清楚的一面镜子，在历史中都会存在"前事可师"的重要资源。但能否在纷纭复杂的"故纸堆"中翻拣出有资于今日的"历史资源"，却取决于当事者的诸多自身因素，一则是否有此面对"历史"并选择"资源"的深厚功力；二则是否具备"负重的历史意识"与"冷静的当下心态"之间的理论张力；三则选择者自身的素养、眼光与思维方式也将在很大程度上影响到资源借鉴的成功与否。而这几点，陈先生都是具备的。

"纪念一所历史悠久的大学之诞生，从来都是立足当下，面向未来，而不是简单的怀旧。"[①] 这种立足于现实本位的关怀，决定了陈氏的追索历史，并非只是困于书斋，他对于私学传统的弘扬，也不仅是简单的鼓掌喝彩。作为一种借鉴历史资源的策略，有其深藏的纸背关怀。譬如谈论传统的书院教育，就已明确提出了其作为当代中国教育"某种思想资源"的可能性，并细加剖析："从教育体制考虑：私立大学、研究院及民间学会对于中国学术思想多元化的贡献；从教育理念考虑：全人格教育、通识教育以及打破教育的实用主义传统；从教学方法考虑：强调独立思考、自学为主、注重师生之间的理解与沟通。"[②] 确实，近一个世纪以来，现代中国之波澜兴替，尤以教育体制变化之影响为沉潜

---

① 陈平原：《中国大学十讲》，上海：复旦大学出版社，2002年，第234页。
② 同①，第6页。

深巨,罢科举、废书院,传统体制尽皆消解;兴学堂、立大学,西方制度貌似凯旋。但五四之前的中国,仍处于千年封建势力的主导话语之下,故有必要"冲决网罗",所以那代人即便是"矫枉过正",亦有其必然性。但在经历过开创与启蒙期的"元气淋漓"之后,作为建设者更需要踏实沉着的心态,以及辨别事物优劣,冷静组合资源的理性态度。马一浮、熊十力之独立门户倾心于传统书院,晏阳初、梁漱溟之走入乡村开展平民教育,陶行知、陈鹤琴之借助西方思想进行基础教育……虽然成绩不可同日而语,但都各自标立出现代中国致力于"教育救国"者的不同路径取向,以及所显示出的借鉴各种资源的可能。然而,这样多元的教育构建步伐在20世纪下半期的中国却人为地被阻隔了近半个世纪,恢复生气的中国(80年代改革之后)虽然在经济领域的崛起让世人刮目相看,但具体到教育领域,其变革竟然是步履蹒跚,似乎远不能成为齐头并进的"鸟之双翼,车之双轮",当然也就很难说适应了前进中国的发展需求。而这一经济与教育的关系,其实在民族——国家的现代化进程中至关重要。

德国之所以在19世纪后期迅速崛起于欧洲中心,与教育的发展密切相关。19世纪初期经由洪堡的柏林大学改革,在近一个世纪时间内,德国大学处于鼎盛期,是所谓"近代世界高等教育发展的巅峰"①。此后,乃有德国经济的腾飞与发展,德国民族的振兴与崛起。同样,在19世纪后期,美国有近万人赴德留学,并带动美国研究型大学迅速发展为现代大学,取代德国大学成为

---

① 贺国庆:《德国和美国大学发达史》,北京:人民教育出版社,1998年,第182页。

世界教育与科研的中心。20世纪上半期以来，美国经济发展迅速，成为世界第一强国。日本明治维新时，极为重视教育改革，有明治天皇"求知识于世界，大振皇国之基础"的誓言，乃有日本"巨大的知识能量"的爆发，迅速完成其近代化过程，"崛起环岛，称霸东亚，跻身于世界强国之列"。① 所有这些大国现代崛起的经验，都是教育先于经济发展，有教育的"十年树木，百年树人"之功，才有经济的迅速腾飞，民族—国家的崛起于世界民族之林。遵循这一基本规律，则即便"千锤万炼"，其根本犹在，纵使挫折失败，复兴不难。德、日于世界大战后的"屡败屡战"，数度重创后崛起的事实自是最好的例证。设若如此，那么，这一教育滞后的现象就决不仅仅是教育界人士之事了。它所象征的，是一个民族、一个国家的盛衰兴替。幸而，有"创建世界一流大学"的目标提出，姑且不论其理论高度，至少这一目标对中国大学之发展是有所促进的。然而，如何才能"创建世界一流大学"？

这一问题，当然过于复杂，涉及中国现代化进程的方方面面，站在不同的立场和角度都会给出不同的答案。但作为有现实关怀的人文学者，作者的扒梳历史，并非仅是停留在"故纸堆"中，而显然有着现实指向意味的"问题意识"，并以委婉的口气和从容的追问，有所表达。譬如，对当代规模已颇可观的民办大学提出批评与建议："倘若'大学'之'私立'，其作用仅限于扩大高等教育规模，化解过于强大的升学压力，而没有独立的思

---

① 鲁军：《清末西学输入及其历史教训》，载丁守和、方行主编：《中国文化研究集刊》第二辑，第122—123页。

想/文化品位,实在有点可惜。"① 那么,私立大学的功用应该表现在什么地方呢?还是"借历史酒杯浇自家心中块垒",表彰西南联大,并非仅就事论事,而是在源于北大、由蔡元培提倡的"兼容并包"精神之外,特别摘出由清华贡献、并带入联大的"教授会制度",评价西南联大决策和管理之相对民主,教授会制度发挥了重要作用,其意味相当深长。这样的细细挖掘历史上各家独成风格、声名卓著的大学成功经验,尤其是仔细检点被世人所忽略的若干镜像,其实已经逐渐逼近大学问题的关键所在——"制度"问题。制度能解决,则其他问题可迎刃而解;制度不能解决,不能形成良性积极的学术氛围,不能发挥个体自由的创造动力,不能形成集体互动的创新合力,则一切都只是"舍本逐末"。

国立西南联合大学

---

① 陈平原:《中国大学十讲》,上海:复旦大学出版社,2002年,第238页。

解决大学问题，为的还是实现大学理想。那么，理想的大学该是怎样的呢？"什么时候民办高校中的佼佼者，方才可能像当年的南开那样，凭借其雄厚的学术实力，挑战北大、清华的权威地位？"至于具体的大学风范，"历史资源"中早已有其明晰的镜像："联合大学以其兼容并包之精神，转移社会一时之风气，内树学术自由之规模，外来民主堡垒之称号，违千夫之诺诺，作一士之谔谔。"（作者再三推崇的西南联大纪念碑文）① 在一个国家的现代化进程中，大学的功用不言而喻，现代文化史上的北大，自然是最好的例证。杜威说："拿世界各国的大学校长来比较一下，牛津、剑桥、巴黎、柏林、哈佛、哥伦比亚等这些校长中，在某些学科上有卓越贡献的，固不乏其人，但是，以一个校长身份，而能领导那所大学对一个民族、一个时代起到转折作用的，除蔡元培外，恐怕找不到第二个。"② 这里揄扬的虽然是蔡元培，但亦可见北大在现代中国历史上之特殊地位。至于说到"并非世界一流大学的北大，在东方文明古国崛起的过程中发挥如此巨大的作用，这种荣耀，又是许多世界一流大学所不具备的"，更是确凿无疑地标示出北大的独特地位。今日的中国，由于市场经济的冲击和诸多社会原因，作为个体的人普遍存在道德观弱化、精神气淡薄、利益心至上的问题，大学（包括北大）也早已不复昔日北大"精神灯塔"的光环效应。但毕竟，大学作为知识生产基地，具有特殊的"象牙塔"功能，是有可能成为现代文明与国家—民族的"精神之灯"的，而其关键所在，当是积弊重重、利益

---

① 陈平原：《中国大学十讲》，上海：复旦大学出版社，2002年，第245页。
② 转见郑勇：《是真精神自风流》，载《中华读书报》2000年5月17日。

错综复杂的"大学问题"的逐一解决。从这个意义上来讲,陈先生在梳理历史、体贴前贤之外,拈出"大学问题",更是为未来中国大学及其民族的发展提供镜鉴,将已尘封为烟云、锁定于旧籍中的历史资源重新复活的一种可贵尝试。

细数中国大学源流

近年谈论中国大学之风尚颇蔚，学界舆论界对此题目均颇感兴趣。至于1998年更借北京大学百年校庆之机，很是热闹了一回。然而究竟是凑热闹的多，愿意坐冷板凳悉心研究的少。以1998年大学话题之热闹，能自出机杼，标领风潮者不过寥寥数册而已。现在"繁花似锦"之后，虽然有后继者勉力续步，但总让人觉得有"续貂"之嫌，太缺乏由独立研究而出的"十年磨一剑"的"梅花香自苦寒来"。

在这种背景下读到《近代中国大学研究》[①]，虽然难有《老北大的故事》、《北大精神及其他》诸书的那种大家风范和高屋建瓴，但毕竟"学术研究"不是"第三种笔墨"，踏踏实实做学问者的成果仍然值得一读。我以为此书值得特别提到者有以下

---

① 金以林：《近代中国大学研究》，北京：中央文献出版社，2000年。

几点:

一、认真严肃的学术态度。此书扉页起即刊出"社科院近代史所学术委员会意见",并由学术委员会主任亲自签名;接着又是两名研究员的推荐意见书。上述意见都颇为中肯实在,远非现下流行的很多"言不及义"的推荐信可比。这是此书的一大特点,也是保证学术著作质量的一种重要措施。

二、尽量采用图文并茂的形式,使读者获得感性的认识,是学术研究大众化的尝试。按道理说,此书是一本严格意义上的学术著作,作者并没有必要花时间精力去找那么多相关的图片资料,但事实上此类图片起了很好的辅助理解之作用。尤其是对那些非专业的人士来了解中国近代大学平添了许多兴趣和情趣,作者这种学术普及化的尝试努力是值得肯定的。

三、对中国近代大学做了较为系统完善的梳理工作。实事求是说,虽然研究中国高等教育史者不乏其人,但真正能将近代大学史做到系统梳理者并不多见,尤其是能"从一种新视角出发,努力勾画出近代大学同社会发展间的相互关系,系统分析了公立大学、私立大学、教会大学等不同类型高校的演变轨迹"[①]。以一篇硕士论文而演化为洋洋二十余万字的长篇论著,尤为不易。

遗憾之处也不能不指出,可能是与作者的阅历和出身有关系,虽然在学术书籍的普及化方面做了不少的尝试,如图文并茂的形式等,但尽管如此,此书的可读性仍不甚强。读者感觉到更多的是严谨的考证和史料的引用,这当然显示了作者在收集资

[①]《近代中国大学研究》杨天石推荐意见书。

料、严格考据方面用功之勤,但事情总是各有利弊、瑕瑜互现,过分强调了史料和考据,而又未能达到运用入文章"炉火纯青"的地步,自然就很难呈现为文章的"自家面目"。如果用更高的标准来衡量此书的话,恐怕这是以后值得下工夫的地方。

全书按照时间之纵向顺序,以六章构成,即:《清末大学教育的萌发(1862—1911)》、《近代大学教育的兴起(1912—1927)》、《南京政府统治时代的大学教育(1927—1937)》、《抗战时期大学的内迁》、《恢复和发展(1937—1945)》、《从复员到解放(1945—1949)》、《结语》。基本上将近代中国大学的发展历程分为五个阶段,比较注重政府在大学发展过程中的作用,并且基本上以此线索来勾勒全书轨迹。但对大学的个案描述多而综合归纳少,虽然注意到了大学类型的划分,如将北洋政府时期大学划分为公立大学、私立大学、教会大学及女子大学分别阐述,但谈及具体学校时,多半是对史料的梳理,如《私立大学的兴起》一节,主要举两个例子,即南开大学、复旦大学,然后继续罗列朝阳大学、中国大学、同济大学、中法大学、厦门大学、大同大学、大夏大学、光华大学,结束时有数段文字作为归纳分析,让人觉得很难尽兴。

对于大学史的研究和写作究竟如何进行,这是一个非常值得探讨的问题,尤其是近来人文学者出于"人间情怀"的考虑,更多地参与到这项工作中来,因为"作为学术课题的'大学',不仅仅属于高教科研所,而且属于所有以天下为己任的中国知识分子"。参加者的"出自多门",也使得这种研究日益丰富多彩,如何进行,自然是"见仁见智",不必"强设藩篱"。但我想对研究对象抱"理解之同情"、"温情之敬意"无论如何是必要的,只有这样,才能更好地深入"中国百年大学"内部。

只是说"大学院和大学区制的尝试与失败"、在政府的角度看"限制滥设大学、整顿私立学校","整理院系结构、注重实用科学",以达到"努力提高教育效能"的目的,当然是必要的,但若能从大学作为主体的角度来做较为深入的个案研究,似乎可能对那个时代的大学有更深入的了解和理解。至于谈"从'反甄审'到'反内战'"、"迎接解放",似乎太过渲染了政治的色彩,如果放在背景之中叙述未尝不可,但作为大学研究的主题,似乎有些"喧宾夺主"。

以上断想,恐有"吹毛求疵"之嫌,实在是对"中国近代大学研究"这样的题目私心期待甚高,难免有所失落,不当之处,也请作者读者诸君谅解。总体而言,此书以自己扎实的研究为基础,利用大量史料,对中国近代大学教育发展做了较为系统之梳理,从"史"的角度来说仍然具有相当的参考价值。

续大学三问

2003年时，曾因北大人事制度改革而引发一轮关于大学问题的争论。其实，事过之后并未"烟消云散"，若干涉及本源的问题仍未得到充分讨论。2005年喧嚣一时的"国学研究院"风波，本质上仍涉及大学发展的基本定位，但从这方面入手的立论并不多见。而若干大学排行榜的相继发布（如上海交大的世界大学排行榜、英国泰晤士报的大学排行榜、德国建设精英大学的榜单等），则反映出当代大学的定位问题，不仅是中国一家"追赶世界一流"的需要，而且是全球化背景下回应现代性的"普遍问题"之一。如此，则有必要拓展视野，重新审问之。此时读到陈平原先生近年关于大学文章之结集《大学何为》，不禁心甚喜之，这不但由于一贯地欣赏陈氏自觉的文体意识与美文笔调，所谓"将论文与随感、演讲与问答、历史与现实、宏大叙事与私人记忆掺和在一起，造成一种明显的'对话'状态"；且更在乎作者不为"论争而论争",而是不断延续自身的"叩问与思考"的思路,所谓"叩问大学的历史与现实,思考大学的理念与实践",实际上也意味着作者虽以人文学者的身份发言,却能超出偏激的论争话语,不在意"一时一地之得失与语境",而能在"剑戟挥舞"的喧嚣文化场域中始终保持一颗"平常心",坚守自家的"建设性"理念,用作者自家的话来说,就是"理解大学问题的复杂性,理解改革的代价,也理解各种冠冕堂皇的口号背后,很可能隐含着利益争夺甚至各种卑污的权谋"①。全书三辑,如果说"我的大学"回到20世纪80年代历史现场让人感到亲切,借此机会也了解师长辈的求知年代;"大学记忆"通过大学史的考察提出若干问题;那么,"大学理念"则无疑在深度思考方面更上一层楼,可以激起读者辩驳问难的欲望。

当年的诸多文章中,印象最深的乃是《大学三问》②一篇,此次放置在"大学何为"的总题之下重新阅读,尤其激发出许多新鲜感想。作者将事关大学的基本问题,归纳为三条,即"人文有无用处"、"管理是否万能"、"榜样如何获得",其中很容易看出作为人文学者的基本思路。可如果落实到改革的具体进程之中,这三条的抽象意义虽大,但建设作用恐怕不彰。尽管如此,我仍然觉得其颇能涉及问题之根本,且在此基础上略加发挥引申,也提三个问题,以供参考。

问题之一,急速革新与渐进改良孰择?在体制平稳的前提下是否需要改革,对于现状,尤其是不合理的现状我们该怎样应

---

① 陈平原:《大学何为》,北京:北京大学出版社,2006年,第2页。
② 陈平原:《大学三问》,载《书城》2003年第7期。

对?改革是合理的,哪怕是在不触动或尽量少触动现有既得利益者的思路下进行的。这一问题,可能纳入现代中国的百年历程中,更易显得明白。往往是这样,改革者不得不触动,甚至是通过触动既得利益者的"利益",而推动改革的进行,商鞅、王安石、张居正、康梁,莫不如此;然而,正因如此,改革者必然困难重重,因为既得利益者往往具有很大的"势力",这种"势力"甚至足以扼杀"改革者"。回顾历史上的改革,哪个不是如此呢?最好的效果,也是"鱼死网破";退一步说,就是改革者取得了"胜利",也必然只是暂时的。谁又心甘情愿地被剥夺原有的权益?哪怕是不合理的"特权"?所以,这些"势力"必然会反扑,或在身前,或在身后。于是,改革者从本质上来说没有人有"善终"的下场,不管是商鞅还是王安石,不管是张居正还是戊戌六君子。其实,这一问题,值得细加考量。高考扩招自然是符合中国大众利益的好事,但一旦"过犹不及",就很可能产生出意想不到的弊端来。对于中国大学的改革和发展来说,也同样如此,历来成功的改良,必然是"水到渠成"的。革命要求轰轰烈烈,希望能在"一张白纸上重建新屋",然而有几个是事如所愿的呢?社会的发展,本身有它渐进的规律,焦虑的心态当然可以理解,但一旦落实为急躁的现实步伐,则不可取。所以,我们必须明确和择定在历史进程中的位置,在计划中的"宏伟大厦"建设中添砖加瓦,"千秋功业"本就不是一人之力,或一代人之力就可完成的。我们需要有沉稳与冷静的心态,要有细密扎实的着手功夫,更要有甘为铺路石的建设与合作精神。从这个意义上来说,何妨把眼光放远些,步子放开些,前途放长些呢?路正长,而前途，也正有着星星点点的光亮呢！

问题之二，科学制度与人文精神孰置？这样的改革方案，显然更看重制度性的因素，希望能建立起一套完整的规章，并使之可以行之有效。这当然是非常有远见的思路，对于中国大学来说，加强"有法可依"的制度性建设，乃是当前改革的"关键环节"。我曾说过，大学问题的关键在"制度"问题，制度能解决，则其它问题可迎刃而解；制度不能解决，不能形成良性积极的学术氛围，不能发挥个体自由的创造动力，不能形成集体互动的创新合力，则一切都只是"舍本逐末"。① 然则讲制度建设，是否就是要强求一律、量化管理？其实，我们看国外的一流大学建设经验，恰恰未必如此。纳什这样的人物，若是没有校长与制度的慧眼识才与大度包容，他早就应在大学里"disappear"了，又如何能发明出举世震惊的"博弈论"来？这其实也是一种制度。但这种制度是在精神熏陶之下达致的，没有宽广博大的精神资源，没有对学术伦理（Wissenschaftsethik）的深刻理解与包容，又如何能产生真正的"大学制度"来？讲精神，我们会相对构建比较宽松的范围，淡化所谓"科学制度"的约束；求速效，则会强调制度的功用与管理的万能。只有玄而论之的精神，往往会流于空泛，难有实在的评定标准，绝不可能被喜欢精确计算的自然科学家所采纳。但我们也不应忽略这样的事实，牛津那种"以人带人"的导师制，确实有可能会在多年的清谈烟熏之后，出现不世出的"大师"，不过多半可遇不可求；缺乏精神滋润的制度则很

---

① 叶隽：《大学问题的"历史资源"》，载《开放时代》2004 年第 2 期，第 158 页。

可能进入"一板一眼"的教学状态,循规蹈矩也必然导致学校管理可以比较容易达到"中规中矩"的要求,这些都可能会有助于大学进入各种排行榜,但却必然难以建成真正意义上的"大学",更不用说是"一流大学"了。所以"科学制度"与"人文精神"二者缺一不可,问题的关键在于如何配置二者在大学发展过程中的比例。制度的设立,应当有助于精神氛围的养成与滋长;精神的传播,又应反作用于大学制度的渐成规矩方圆。包容了这样的"人文精神"的制度,才可能成为理想中的制度,而不是相反——那种充满了理性万能的"科学制度"。

问题之三,社会关怀与个体意志孰重?曾经,在国家、民族与信仰的名义下,成千上万的个体被吞噬。20世纪的历史,则从各个角度印证了这点,无论是德国的纳粹专制,还是前苏联的集权统治,不管是"奥斯维辛的追问",还是"古拉格群岛的悲剧",莫不以个体的意志丧失乃至生命悲剧为代价。所以,才有奥威尔那幽默辛酸的《1984》。无可否认,个体的自由意志很重要,但同时它又应当有一定的限度,个体与社会、国家之间的张力在哪里,值得认真探讨。首先应当有个体,才可能有社会。因为只有每个具体的个体得到尊重,获得尊严,才可能有社会的利益,才可能谈到对社会的关怀。如此立论,并非强调个体利益至高无上。而是说,不能予任何个人或组织以一种特权,假借国家、民族、社会,乃至其他任何"正义"的名义,来对个体进行伤害或者剥夺其正当的合法的权利。如果没有了个体本身的生存权利,那么社会、国家的存在又有何必要呢?将人放在第一位无疑已取得了社会的多数共识,可从理念落实到实践,仍有漫长的路要走。看看周围的社会，多的是个人遭受群体吞噬的现象，但以社会利益的真正实现为标尺的实质却并未得到真正的维护。其间出现的正是"公权私用"或"以……的名义"的诸种滥用公权，无论是孙志刚案的惨痛教训，还是腐败屡禁不止的波潮，涉及的其实都是这一根本问题。在大学改革中，这个问题也迫不及待地跳了出来。一方面，建设一流大学似乎事关国家、民族整体之兴衰，乃千年大计，所以不惜动用各方面的力量，以求"毕其功于一役"；另一方面，则相关各方，都不得不"与狼共舞"，无论是教育行政部门的各种工程建设、巨额拨款、考核指标，还是上行下效的各大学的种种规制，其指向无非都是那暂时功利考核标准中的"一流大学"。在这样一种"以……的名义"，也就直接导致学术生态的尴尬恶化境地，教师沦为"学术打工仔"，即便心存追求真知的理想，也必须暂时低下高贵的头颅与清高的心态，去发表"核心期刊"的文章，申请各类"官方项目"，争得各种"奖项"……因为，惟有如此才可换得"为稻粱谋"必需的生存口粮。而北大改革更进一步，教师淘汰机制的引入，更将"社会进化论"推演到一种现实层次，这样一种由新一代留美学者主导的、在中国境内正式铺开的制度引进，将会给未来中国学术的进径带来怎样的影响，殊难一言以蔽之。但总体而言，这一思路，对目前暂时处于世界中心地位的美国学术/文化缺乏足够省思、批判的接受方式，却是显而易见的。这样的认知程度，再加上显得凌厉躁急的求成心态（虽然求大学提升的初衷可以理解），其结果即便不是"南橘北枳"，如果说要能"药到病除"，吾不信也。

虽然，美国的这套东西，几乎在世界范围畅通无阻，但欧洲学界的有识之士对此之弊均颇有认知，当然他们也承认这种数量化、统计式的管理也是他们体制中物，而且虽然学者心甚厌之，却又不得不身卷其中。可真正的精英人物，却确实是在"以思为剑"，尤其是用自己的思想在抵抗着"美军入侵"，并反戈而长驱敌境！看看美国学院中充斥的福柯、布迪厄、德里达的理论，就不问可知了。随着中国和平崛起，我们要想能真的建立起具有自家主体独创性的现代民族国家，复兴乃至创造新时代的伟大中国文明，在知识创造层面就必须要有自己的独立思考，并能"花开花落四海传"。所谓"桃李不言，下自成蹊"，是这个道理；而俗语称"酒香不怕巷子深"，说的也是这个道理。这既是历史提出的挑战，也是时代赋予的机遇，陈寅恪先生曾谓："其真能于思想上自成系统，有所创获者，必须一方面吸收输入外来之学说，一方面不忘本来民族之地位。此二种相反而适相成之态度，乃道教之真精神，新儒家之旧途径，而二千年吾民族与他民族思想接触史之所昭示者也。"① 事实上，当我们经历探索并再三省思之后，确实不得不承认：此乃中国学者立定于世界学术的民族之林中的不二法门。但陈氏此言特别强调的是"本国传统"之根基，即某种程度上其服膺的"中体西用"。但我以为，还需要加上一条或许更为根本的，即"为天地立心"与"为天下开太平"，即中国知识精英要能站在真理求索的基本尺度之上，不仅有民族国家的关怀，亦具普遍历史的责任感。还是鲁迅那句话，既不当奴

---

① 陈寅恪：《冯友兰中国哲学史下册审查报告》，载《陈寅恪集·金明馆丛稿二编》，北京：生活·读书·新知三联书店，2001年，第282—285页。

隶,亦不当废物,我们要自己"辨择"、"拿来",更要"创造"。我们对外国(不仅是西方,但首先是西方)的东西,尤其是其文明基础的学术/思想维度,必须有深刻的认知;但作为攻玉之石的利器,仍离不开自家传统的"腹有诗书气自华"。所以这段话何妨略作增补:其真能于思想上自成系统,有所创获,且能极大程度裨益世人者,必须以本来民族之文化传统为中心,一方面吸收输入资用外来之学说,一方面立定追索普遍真理之职志。此数千年世界各民族文明交流与发展史所昭示者也。筚路蓝缕,先贤呕心沥血,示来者以轨则;世道沧桑,吾道一以贯之,虽九死犹未悔。

当代社会的种种道德现实,中国学界出现的种种奇形异象,诸如核心期刊、量化考核、学术腐败、政绩工程等等,都与此瓶颈问题密切相关。然而考诸事实,所有这些怪象得以实现的支撑,靠的何尝不是纳税人的钱?当然,我们看得到时代的进步维度,无论是北大的学术评价代表作制度,还是研究生发表论文要求的取消,都见出作为引领时代潮流的"北大功用"。在红尘滚滚的利欲俗世里,现代大学精神仍灼射出它的光芒。然而,毕竟还有"学校不是养鸡场"的呼吁,毕竟像北大这样的学校如凤毛麟角,毕竟……说到底,我主张在这以上三条六点维度中,都保持一种相互兼及、适度平衡的观点。既要理解急速革新的纸背苦意,正所谓"一百年太久,只争朝夕",没有建设事业的热诚也不可能有如此高蹈的目标;但具体言之,似更宜落实在渐进改良的理性选择上,毕竟"罗马不是一天建成的",如果没有从容建设的心态,指望"一蹴而就"或"立竿见影"的政绩工程,那就必然导致"一将功成白骨枯"的悲剧结局。更何况，这里涉及的是根本性的制度问题。这方面的惨痛经验，史不绝书，而对于经历了20世纪漫长艰苦岁月的国人来说，更应"前事不忘，后世之师"，引以为鉴。没有科学制度的保障，就绝没有奠立长远发展的战略可能；但过于夸张制度万能，那就会使人成为制度的机械型奴隶，丧失掉创造精神。而人文精神的有无，也同样关乎一所大学与师生者流的"精气神儿"；而如果没有制度的保障，就可能走上极端，"漫无依傍"最后也不可能有真的创造。这两者同样是相辅相成、相得益彰的关系。在社会关怀与个体意志两个维度方面，我们更多地应去寻找彼此间的连接与张力，而非将两者截然对立，事实上，这种对立更多是人为造成的，学者表面看去是纯坐书斋，但实际上都不可能没有社会关怀；而个体意志更是"自由之思想、独立之精神"的根基所在，如果没有此点，学者亦同样沦为现代性的机械型螺丝钉的话，那么与克隆人的危机又有什么两样？保持一种张力维度，提倡一种中和思维，借鉴一些中庸传统，那么我们的和谐社会建设，才可能真的在每个个体身上落到实处。对于中国的现代大学建设来说，则尤其如此。千里之行，始于足下，谁谓不然？中国大学的起步，将在何时？若要回答这些问题，或许真的首先要回到最原初的问题，也正是作者在这里给国人、给世人，当然也是给自家提出的核心命题："大学何为？"

以精神底气审视制度问题

当代中国的大学问题，显然是牵一发而动全身的关键所在，这不仅是在教育层面突出大学的重要性，更意味着对一个民族长远发展的枢纽意义。诚如作者引洪堡所言，强调国家"不应就其利益直接相关者要求大学，而应抱定以下信念：大学倘若实现自身目标，那也就实现了、并且是在更高层次上实现了国家的目标，而这样的收效和影响的广大，远非国家之力所能及"①。这是洪堡在1810年所言，言之凿凿，然而政府能不能听进去，却是一个值得追问的问题。

---

① ［德］弗·鲍尔生（Paulsen, Friedrich）：《德国教育史》（German Education: Past and Present, trans. By T. Lorenz）第 125－126 页，滕大春等译，北京：人民教育出版社，1986 年。原文当出自"Über die innere und äussere Organisation der höheren wissenschaftlichen Anstalten in Berlin"（论柏林高等学术机构的内在和外在组织）. In Humboldt, Wilhelm von: *Schriften zur Anthropologie und Bildung*（人类学与修养著作集）. Frankfurt am Main, Berlin, Wien, 1984, S. 85.

实际上,当初普鲁士之所以创建柏林大学,正是因了兵败于拿破仑的铁蹄火炮之下。威廉三世的勃勃雄心与宏图远略,恐怕主要还是国家的近期利益。然而作为"精神大臣"的洪堡,却利用这样一个极佳时机,实现了他作为"德国命运参与者"的使命,柏林大学的建立一举奠定了日后德国复兴的学术与文化的制度基础。但必须指出的是,教育改革并非"洪堡的绝招,不是他的灵感或惊人之举。他是把早已形成的思想、把一般的趋势加以具体化来实现改革的;这种改革不是变魔术,而是收获"①。实际上,亦确如此。就普通教育而言,裴斯泰洛齐早已着得先鞭;就学术教育来说,谢林则有相当系统的论述。即便谈到大学理念,先有席勒的耶拿思考,后则有费希特、施莱尔马赫的启蒙、浪漫的两道思脉源流。洪堡的长处则在于,他充分汲取了歌德开辟的古典思脉原则,接受了席勒的大学观影响,能够取中度立场,调和启蒙大学观与浪漫大学观,并以其相当优秀的执行力而使之在短期内付诸实践。一个在位只有十四个月的司长,就能成就一个国家的现代大学制度建构工程,甚至还流芳百世、影响世界,未尝不是

威廉·冯·洪堡

时也,势也。当然话说回来,个体的努力也绝对不可忽视。想象一下,在普鲁士国王专制的那种官僚制度下,居然也可以容得洪

---

① [德]彼得·贝格拉(Berglar, Peter):《威廉·冯·洪堡传》(*Wilhelm von Humboldt*),袁杰译,北京:商务印书馆,1994年,第70页。

堡这样的理想主义者挥洒拳脚,并成就了一代大业,可见制度可以是灵活的,个体的角色不应当过于轻忽之。

千秋之下,青史自有论说。其实,用不着千秋青史,只要往事已去,就必然成为后世资鉴的品评对象,譬如今人对于民国时代的追溯,追念先贤固然没什么不好,可过度理想化前人,在潜意识里是否会降低了自己这代人的历史使命承当感?所以,我更喜欢一句"世上已无蔡元培"的棒喝,毕竟,它提醒我们自己也是历史的参与者。如果我们在面临当世功利之风弥漫之际,能更多地退一步海阔天空,想一想自己在历史长河中的位置,问一问自己在民族进程中的职责,或许,我们在职业和生命中的选择与进退,会有更加理性的一面?

对于当代中国而言,大学改革者的境遇与洪堡所处的时代或许不无相似之处。就思想资源来说,并不缺乏;就教育实践而言,我们更亲历着史所难逢的大时代。关键在于,改革者是否有足够的勇气与智慧去面对和尝试。我赞赏韩水法先生在其《大学与学术》一书中所表现出来的知识者的承担勇气:"十余年来,从黎民到首揆都在不断地追问:中国大学为什么不能够成为原创性的思想和知识的渊薮,而沦为平庸的乐园?""只要能够秉具理智的诚实,找到一个清楚而合理的答案并不是一件难事。要解决这些问题,中国大学就必须成为完全的自为者,即一种完全意义上的法人,这就是大学的自治。""然而,这里的要害在于,先进的大学体系,或者更高的目标,世界一流大学,固然是许多人都想要的。但是,对于那些特殊利益集团来说就有这样一个博弈:如果能够在不损害他们利益的情况下达到世界一流的水平,那么世界一流就是一个好东西；但是如果为了达到世界一流而要进行的制度改革会危及到他们的特殊利益，那么他们自然就会将自己的特殊利益作为第一选择。"① 所以，一针见血的结论则呼之欲出："中国大学改革从根本上来说乃是一项政治改革。"②

这几乎是一个新时代的"皇帝的新衣"，道理并不复杂，有勇气将其道破者可贵。确实，在中国现今的制度安排之中，大学（包括教育的其它层次）属于政府直接管理范围之内，居上者如何确定并推动教育之定位，乃至如何在大量实践基础上将可贵之经验在立法层面予以落实，实可谓是制度设计问题的关键。对于行政管理者而言（官僚阶层），如何意识到自己的历史责任（如洪堡或蔡元培那样），并将个体与集团利益尽可能排除在外，当为核心问题所在。在这方面，无论是异国的洪堡（他所开创的不仅是德国的国家事业，而且也是世界范围现代大学的标志性事业），还是本国的蔡元培、范源濂那代人，都为后来者树立了很好的榜样。蔡元培任教育总长时邀请共和党人范源濂出任教育部次长，既不顾忌两党在朝在野的身份，也不在乎是否委屈对方就任的乃一事务官的位置，因为在蔡元培眼中，"教育是应当立在政潮外边"，"现在是国家教育创制的开始，要撇开个人的偏见、党派的立场，给教育立一个统一的智慧的百年大计"。③ 之所以这样做，固然看重的是范氏的人品能力，考虑的还有中国教育的百年大计，因为政党可以轮流执政，与其到时对方将政策大作变

---

① 韩水法：《大学与学术》，北京：北京大学出版社，2008年，第9页。
② 同①，第10页。
③ 蔡元培：《邀范源濂任教育部次长的谈话》，载《蔡元培全集》第2卷，杭州：浙江教育出版社，1998年，第44页。

更，不如"现在我们共同负责"。其所利者，国家之教育大计也。无论是任何时代任何人物，只要他能表现出这样远见卓识而勇于承担的历史意识，就必然是青史昭彰！其时居于教育政务官的官僚层次如此，在大学校长其位者更不乏风骨独标、坚持自己为人准则、坚守并实践自己大学理念者。印照当下，难怪韩氏要感慨"大学没有风格，校长缺乏荣誉，学术失去标准"① 了。

是啊，在德意志的王政时代，身为"臣仆"的洪堡，尚且可以寻出一条振兴国家、立定百年不易之基的制度建设之路；在改革开放之后的中国，在面临大国崛起乃至世界和谐社会建设责任面前的中国，怎能不认真思考如何"正本清源"？撒切尔夫人不无傲慢地宣称，中国崛起不足为虑，因为任何一个大国都不可能只输出物质产品而没有精神产品；在她眼里，中国根本就没有什么原创性的文化产品可言。我们且原谅她可能因"无知而无畏"的一面，并借此躬身自省，我们的文化产品原创性的可能如何呢？

相比较学界以陈平原先生为代表的对"大学精神"的强调②，韩水法先生的大学关怀明显更注意到"大学制度"问题。无论是从大学制度还是学生制度，无论是教师聘用还是微观管理，无论是终身教职还是学术共同体，韩氏所关注的问题都切中细微。而即便是在关注制度问题，仍有理念的发明，譬如所谓"甄陶还是镀金"，强调"现代大学承担着甄陶社会中坚的巨大职责，并为

---

① 韩水法：《大学与学术》，北京：北京大学出版社，2008年，第120页。
② 参见陈平原：《大学何为》，北京：北京大学出版社，2006年。

此而享有各种特权"①。此诚的论。职责归位，是现代中国迈向和谐社会过程中必须解决好的一个根本问题，说到底也是怎样重建中国人的基本伦理观的问题。让大学成为大学，才能使大学真正承担起属于自己的职责，也才能使得相关人士真的可以"各安其位"。而其中不二法门，当在于"大学自治"，所谓"大学自治并不意味着大学无需规范，抛却一切制约。相反，在大学成为一个自治的组织后，它应当受到法律、社会、其他大学和大学内部中坚力量即教授更为有效的制约，同时也受到大学内部其他群体如学生等等的约束"②。能如此，则相关问题迎刃而解，"大学自治的时代倘若能够到来，大学改革就会成为大学自身的事情，'谁想要世界一流大学'就会成为大学自身的问题，而不再是使那些心有余而力不足戴着镣铐跳舞的人尴尬和愧疚不已的社会问题"③。

我相信，这样一些思想资源的汇集与形成张力，将使得中国当代大学问题的解决成为可能。譬如当代大学学人困惑不已而又不得不与狼共舞的"评价制度"问题，就不是单纯的精神引领能够解决得了的，而必须牵涉诸多阶层参与博弈和分配的具体利益问题，最后的核心因素是制度设计。附带说一句，当代的教育研究数量不可谓少，可如布迪厄那样带有强烈实证精神且深入底里剖析权力问题实质的著作（如《国家精英》），则尚未之见。布迪厄的理论或许不无偏颇，可那样一种对社会的强烈批判意识，却

---

① 韩水法：《大学与学术》，北京：北京大学出版社，2008年，第133页。
② 同①，第121页。
③ 同①，第121—122页。

真的很能给人以启迪。而当代中国所经历的,实在是一个"大时代"。大时代里必然有大问题,也就有可能产生大学者和大著作,问题在于,我们该当如何去做?

"学术乃现代大学的首要原则、核心和立足之本;自由乃学术的必要条件。""为学术而学术"(Wissenschaft um Wissenschaft)乃是源自德国的现代学术基本原则,并得到了几乎是普世性的认同。可当下中国的问题显然不仅在于此,在理念上恐怕多数人都会认同,可贯彻到实践中完全奉行的是另一套东西。当代中国大学问题(教育乃至其他社会问题)大致可分为三个层次,初级层次当然可以限制在纯粹的教育领域之内;中级层次可以追问到官僚阶层、教师阶层、学生阶层,乃至更广泛的社会阶层(集团)的诸多利益博弈与分配问题;更高层次的追问则还是关涉到中国整体政治理念的问题,即国家以怎样的态度来面对教育、面对高等教育。这一点,洪堡在其《尝试界定国家作用之界限的思考》(*Ideen zu einem Versuch-die Grenzen der Wirksamkeit des Staates zu bestimmen*)已做了详细的探讨。他的核心观念就是,国家本身不是目的,国家的基本任务是保障人的自由。人应当在国家里处于中心位置。在他看来,对国家的检验"必须以单一的人及其最高的最终目的为出发点",人才是一切的根本。①"以人为本"是当代中国政治的重要理念之一,但如何将这一符合世界潮流的理念在实践层面、制度层面不断加以落实并巩固,则既是挑战,又为机遇。按照目前的教育场域游戏规则,大学几

---

① [德]威廉·冯·洪堡:《论国家的作用》,北京:中国社会科学出版社,1998年,第29页。

乎成了一种对个体命运再生产的不二法门，虽然从本质上它很难完全摆脱这种社会角色的确定性位置，但毕竟在制度设计中似乎还可以有"如何更加人性化"的可能。孔子早就说过"有教无类"，那不仅仅代表了华夏圣贤博大胸襟的理想情怀，而且也一点都不逊色于后世斤斤计算的小智小慧。至于"天下英雄尽入吾彀中"的观念，应当属于那种相当落后于时代的"权谋策略"之列，当为后世智者所不取。

任何一种良性制度的最终生成，不仅依赖于居上者（官僚阶层）的远见卓识与见微知著，同样需要其他群体（尤其是当事者）的积极参与和理性对话，社会与国家本身就是一种阶层（集团）博弈游戏的互动过程。"市民社会"（"公民社会"）的概念正是从这个意义上来说，才是充满魅力的。至少此书的出现，使我们感到欣喜，至少，它让我们知道，知识者并未缺位。而如何展开与其他相关者的积极对话乃至互动进程，或许是下一步需要努力探索的。从大学本身回到中国问题本身，再追溯到某些人类问题的本身，韩水法先生对自己未来研究取径的预设，已经让我们看到"问题取向"的引领意义[①]。当然还有，对未来的期待！

---

① 韩水法：《大学与学术》，北京：北京大学出版社，2008年，第10页。

崇精神与读故事

读陈平原先生新作《北大精神及其他》，微笑会心之余，不由想起他的《老北大的故事》，此书1998年北大百年校庆时由江苏文艺出版社推出，即便是在当时热潮中众多争奇斗艳的出版物里仍然显得独树一帜，与众不同。虽然当时就颇欣赏作者的文笔和思考问题的角度，但当其时众声喧哗之际，也确实没有静心一读，匆匆掠过，只留下此书非滥竽充数辈的印象。现在看来，还是郑勇有眼光，他在遍观1998年因北大百年庆典而走红当令的北大题材图书后，见大多"人老珠黄"，说了一句很客观的公道话："……当年的《老北大的故事》固然不属此例，它既非凑热闹，也自然不会过时。而《北大精神及其他》更是有意疏离中心话语、避开繁华舞台的'警世恒言'。"① 北大百年早已远走，而

---

① 郑勇：《是真精神自风流》，载《中华读书报》2000年5月17日。

此次由读《北大精神及其他》所勾起的北大情结却萦绕难去，尤其是推崇作者"第三种笔墨"的手笔，禁不住找出前书，细读故事。

此书虽名为"故事"，其实却绝不是一般赶时髦的隐事逸闻可比。细读故事，方明白其中所蕴藏的学者之学术追求和人间情怀，有深意在焉，需我辈会心者悉心涵泳。

北大之所以在中国能名震遐迩，意义远出一大学之外，在于它是国人现代化进程的一种标志。杜威的话可以为此最好的注脚，他说："拿世界各国的大学校长来比较一下，牛津、剑桥、巴黎、柏林、哈佛、哥伦比亚等等这些校长中，在某些学科上有卓越贡献的，固不乏其人，但是，以一个校长身份，而能领导那所大学对一个民族、一个时代起到转折作用的，除蔡元培外，恐怕找不到第二个。"[①] 这里揄扬的虽然是蔡元培，但亦可见北大在现代中国历史上之特殊地位。至于说到"并非世界一流大学的北大，在东方文明古国崛起的过程中发挥如此巨大的作用，这种荣耀，又是许多世界一流大学所不具备的"，更是北大人值得引为自豪的。北大之有故事，固然有其蔡元培掌校时代的大度包容所塑造的风景，拖长辫的前清遗老辜鸿铭、少年得志的留学生教授胡适之、新文化运动主将陈独秀，以至于鲁迅、周作人、钱玄同、刘半农等，更是一时汇集四方英豪；人的故事只是外在的逸事流传，精神的故事才是内在的学人风骨，让人念念不已的"北大精神"。

---

① 转引自郑勇：《是真精神自风流》，载《中华读书报》2000年5月17日。

探讨北京大学从何说起、校庆为何改期、校名如何英译、校史如何溯源，表面看都是历史考据，其实却是要道出北大人的精神。这种表述方式，不管是"北大老"与"老北大"，还是不可救药的"自由散漫"，其中有略显迂腐却铮骨凛然的学人风范，也有不经意的言行举止所流露出的自由意志。细读故事，我们方才明白，作者要说的虽名之为故事，其实想立的却是精神，这从本书的第一辑标题"校园里的真精神"就可看出，至于到后来作者再进一步引申发挥，《北大精神及其他》诞生之快原来渊源有自。

而其所采取故事的名称，娓娓道来的形式，则更是我想特别推举处。没有太多的引经据典，也不要老是谈什么"宏伟叙事"，而更"入迷"的是"北河沿的垂柳、东斋西斋学风的区别、红楼的建筑费用、牌匾与校徽的象征意味、北大周围的小饭馆味道怎样、洗得泛白的蓝布长褂魅力何在等"。① 谈蔡元培，不谈他对政治的影响，而强调其首先是教育家；不说他在北大改革是如何纵横捭阖、运筹帷幄，不谈他与军阀的抗争、与旧势力的交锋，而是选取学术机构的建立来展示校长风采，只说了一个"北京大学研究所国学门"，就阐释了"北大传统"，这种手笔不可谓不高，这种构思则实属自出机杼。结束部分方点出蔡元培之深心用意是"借研究所的建立为契机，外争自由思考，内讲专深学术"，并强调这种教育理想对"北大日后的发展，影响极其深远"，突出蔡元培的"兼容并包"的大度，更彰显其"读书不忘救国，救国不

---

① 陈平原：《老北大的故事》，南京：江苏文艺出版社，1998年，第4页。

忘读书"的理念,使得我们对"明其道不计其功"① 的北大气概和传统景仰不已,难以去怀。以一篇《北大传统:另一种解释——以蔡元培与研究所国学门的关系为中心》的小文而勾画北大传统如此传神精妙,真不知是故事的功用,还是作者的匠心?

另一个让我感觉有意思的是该书的成书方式。全书四辑,各有特点,"校园里的真精神"原是《北大旧事》的序言;"大学书影"则是作者平日读相关大学书籍所作笔记;"哥大与北大"是作者做客纽约的"妙手偶得";只有为主体的"校史杂说"是作者专意为本书下了功夫而钩沉史料、沉潜用心的文字,十篇文字虽非字字珠玑,但作者之问题意识甚为明确,入手是严格的考据,纸背之后却是学者的人间情怀,对于大学发展的忧虑和思考,虽非"登高望远",但借历史之"酒杯"浇知识人忧心之"块垒"倒是让人不难领会。此书不能算是严格的学术专著,又不同于一般的应景之作,从其文笔文风和成书方式都可有所感觉,但从中体现的倒是作者一以贯之对课题的关注和保持不同方式对同一主题的思考,相互启发所生出的意义,我以为如能用心体会,是可以收获不小的。但若作者不能"运用自如",这种风格也可能造成"离题万里"的后果,此书属于把握得很好的,但尽管如此,《轶事之外的辜鸿铭》、《书信作家胡适之》两篇则与主题"老北大的故事"或者"大学精神"没有太紧密的关联,如此说法,几近"吹毛求疵",只是举例而已。

作者在本书中流露出不少很好的学术思路,尤其值得揣摩。

---

① 陈平原:《老北大的故事》,南京:江苏文艺出版社,1998年,第94页。

譬如说建议研究一下"哥大与中国现代化进程的关系",确实,中国现代化过程中教育之功用首屈一指,而仅在哥大一地就产生了未来的 34 名教育家①;而三位北大校长蒋梦麟、胡适之、马寅初也先后入学哥大,则更是值得专题研究。从这个意义而言,作者将毫无更多渊源关系的"哥大与北大"列为一章,看来绝不是"可有可无",其中所体现的随笔式的"比较教育"思路值得我们用心体会。至于谈到对"转益多师"的留学生的"学术渊源"的考察,对我则更是甚有启发,因为"同一时期同一国家的留学生,因其所在大学学术风气的差异,回国后表现有所不同,这一点可就被忽略了"②。我们今天谈论学术史,希望通过"辨章学术、考镜源流"来获得方向感③,但不要忘记,中国现代学术之所以得以建立,一个重要的因素是"西学东渐",而在此过程中负笈海外的留学生意义尤为重要,探讨其大学源流、师门家法,真是直指其核心所在。我认为,陈先生发掘出此点是"沙砾淘金"也,相信对此专题的研究启示意义甚大。

由崇精神然后读故事,想不到由《北大精神及其他》而重读《老北大的故事》,竟然挖掘出如此众多的新鲜感受来,这是初时浏览没有想到的。看来好书还是应反复咀嚼,其中有"深意"在焉。

---

① 上海教育出版社 1991 年版《教育大辞典》第十卷介绍中国近现代教育家 265 人,其中有留学经历者 142 人,留美者 78 人,名列第一,其中选择哥伦比亚大学者 34 人。第 182 页。
② 陈平原:《老北大的故事》,南京:江苏文艺出版社,1998 年,第 179 页。
③ 陈平原:《中国现代学术之建立》,北京:北京大学出版社,1998 年,第 2 页。

北大精神与五四传统

蔡元培掌校北大的一项重要措施,即是请《新青年》主编陈独秀出任北大文科学长,求贤心切竟将《新青年》搬到了北京,于是乎北大人的"学理滋润"与《新青年》的"春雨润物"二者相得益彰,共同构建了蔡校长掌校时代的北大气象,五四运动之所以能名垂青史、成为划时代的标志,固然是民气所聚、民心所向,但若无《新青年》"春雨润物"的"持

《新青年》封面

之以恒",民气岂是一日可以养成?而若无北大象牙塔中人的学理之滋润,《新青年》又如何能"长久作战",唤醒民魂?而北大又正是在蔡先生手上"才成为真正的大学,真正不愧立足于世界

大学之林,而成为中国现代新思想新文化的重镇"①。可见,北大之领袖群伦原与五四的薪火相传密不可分,由触摸历史而进入五四,陈平原先生与夏晓虹女士所编的《触摸历史——五四人物与现代中国》一书视角独到,值得一读。

谈北大,可资品评者多矣,但《触摸历史——五四人物与现代中国》却独独凸现一个历史的"五四",其用意何在?而通过人物个体的叙述框架来结构本书,更像一种探索和尝试。全书主体分为四大部分,名之曰:为人师表、横空出世、内外交困、众声喧哗。突出不同人物在五四大框架背景下的活动,是此书的特色,即作为北大教授的蔡元培、陈独秀、李大钊、胡适、钱玄同等,作为北大学生的傅斯年、罗家伦、张国焘、邓中夏、闻一多等,作为政界人物的徐世昌、段祺瑞、曹汝霖、顾维钧、吴佩孚等,作为社会力量的梁启超、林长民、孙中山、章太炎、严复等。但从另一个角度来看,也未尝不是不足。一则完全地以人物来结构一书,就必然要对历史有所遮蔽,很难展现出五四的宏观全貌,好在这本不是作者立意,读者诸君如有意深究五四历史,不妨读一读周策纵先生的《五四运动史》(岳麓书社 1999 年版);二则既然是命名为"五四人物与现代中国",而内容却只谈五四时代人物的作为,则未免略有忽略之嫌,这些五四人物后来如何,却要使认真的读者颇费心思了。至于每篇文章由于出自不同作者手笔,功力之差别亦不难感受。故此全书颇乏一种浑然一体之感。但好在陈平原先生所做之"前言后语"确定了此书的学术

---

① 见《蔡元培先生象征的学术世界》,《北大传统与近代中国》,转引自陈明远著:《文化人与钱》,天津:百花文艺出版社,2001 年,第 15 页。

品位，并起到画龙点睛作用，以"总说　触摸历史与进入'五四'"为开首，以"余论　设议院与开学堂"为结束，自然有深意在，也可从中触摸作者的研究思路和框架，有兴趣的读者不妨还参照作者的相关文章《新教育与新文学》（收入《北大精神及其他》）、《从新教育到新文学》（收入《文学史的形成与建构》）等，读来自有相映成趣之妙。

但我之欣赏本书，还是试图将之放在历史和北大的背景下来观察，试图从中发现五四传统和北大精神之间的某种内在关联。说北大校庆之所以改期是因为毛泽东之欣赏五四，而不耐烦北大，这自然是学者的考据，可备一说供查。但北大与五四之间的紧密联系确实不容抹杀。仅就此书所举人物而言，五四之精神领袖本就是北大的先生，且不说改革北大、奠定中国现代大学制度的蔡元培，以《新青年》号召天下、滋润民魂的陈独秀，自由主义知识分子胡适，"我以我血荐轩辕"的鲁迅，其实践组织领导者更不乏北大同学，如傅斯年、罗家伦、段锡朋等；便如组织新村运动、发起少年中国学会的王光祈、急速"左倾"的张国焘等人，也脱不了与北大的关系。由此可见，五四传统之构建过程中，北大人与力莫大焉，因为，北大作为中国第一所现代意义上大学之成立恰恰是蔡元培掌校时代，北大精神的形成期也正是五四新文化运动的时代，所以在我看来，北大精神之形成与五四传统之构建，原本无严格之界限，二者之密切关联，恰恰可以看作大学发展与民族精神关系的最好例证。因为"并非世界一流大学的北大，在东方文明古国崛起的过程中发挥如此巨大的作用，这种荣耀，又是许多世界一流大学所不具备的"，诚然斯言，五四传统作为中华民族进入现代化的重要历史遗产,实在是国人心中绕不过去的一个结,更是20世纪历代知识精英困之念之的精神之结,而这一切之所以产生,与北大作为象牙塔的学理滋润之功用其实密不可分。试想,如果没有北大,没有蔡校长掌校时代所开始建构的北大精神,又如何能凸显出中国人精神史上的"五四情结"? 所以,在我看来,作者之用意其实更是在浇自家之块垒,尽管"对出版社咄咄逼人的'策划',历来抱怀疑态度",但还是"几乎没有多少犹豫,我就将出版社的主动策划,变成自家的研究课题",因为作为人文学者,"五四"实在是题中应有之义,而陈先生对"五四"的关注和反思,也不自今日始,早在90年代初期,他就提出了"走出'五四'"(收入《游心与游目》)的命题,但他认为"希望超越'五四'者,必须先理解'五四'"①,而这样的理解五四,不仅意味着读书讨论写作研究,还包含了"沿着当年北大学生的游行路线,用将近5个小时的时间,从沙滩红楼一直走到因被学生'火烧'而名扬天下的赵家楼",这种温习历史、重走五四路的做法虽然只是一件小事,但由今日的北大人迈出,或许又是北大精神与五四传统之关系的一种微证? 而陈先生没有接受出版社精心策划的"鲜活的五四"之动人题目,而选择了让人微觉沧桑的"触摸历史"为题,在"希望借此触摸那段已经消逝的历史"之外,纸背之后的情怀令人三思。

本书的优点明显,缺失作者也不回避,譬如主编陈先生就撰文《"触摸历史"之后》(收入《北大精神及其他》),坦陈有关学

---

① 陈平原:《走出"五四"》,载《游心与游目》,成都:四川人民出版社1997年版,第45页。

术上的"不尽如人意处",如"亢慕义斋"错改成"康慕义斋"、陈独秀的照片错用成彭述之的等;当然还有"学术上最大的遗憾,则是图文之间的巨大张力,没能得到很好的发挥",好在这是一部集体合著,文笔有参差,不难理解,而"图像与文字的关系"确实是一个好的构想,但"很好的理论框架与操作方法"显然也非一朝一夕可以成就,可贵在于尝试本身。至于说作者在学术研究与大众普及之间所做出的尝试和努力,我认为一样值得称道,且不说因此书之图文并茂、学术品位与文笔优雅兼备,而备受读者欢迎,普及功用颇大;而据我所知,作者为使此书能够普及,甚至牺牲稿费以尽量降低定价,力求有更多人能购读。当然,尽管如此,欲拥有此书仍然价格不菲,一般读者难以承受。但话说回来,若衡质论品,如此图文并茂的作品48.8元也并不能算是昂贵。而当今书价飞涨,读书人买不起书已是常事,这其中固然多属市场运作的问题,但作者的努力其实不可忽略,让更多的好书以较公道的价格进入市场,惠益更多的读书人,作者亦有责焉。

大学排名、学术认知与中国的世界影响
——以上海交大 2005 年排行榜的法国大学名次为中心

具有新闻效应的大学排行榜，虽能一时吸引住大众的眼球，但却很难作为学术评价的绝对标准。尽管如此，因有媒体的推波助澜，再加社会舆论的追捧与亲近，大学排行榜仍不难博得广泛的关注目光。有时，甚至连学校本身也不敢太过清高而不闻不问。最有名的，当然是英国泰晤士报的排行榜单。随着中国在世界地位的日益重要，由国人主办的排行榜之也逐渐浮出水面。尽管这一工作，并非由官方出面，但由于操作者的擅长其事，取得的国际影响确实不小。2005 年，上海交通大学连续第三年发表了世界大学 500 强排行榜，继续获得各国及被其评估大学的关注。

虽然不太清楚排行榜的具体操作细节，但显然以量化的指标作为统计原则。由此而得出的这个榜单的排名，名列前茅的仍然是美国大学。仅前 10 名中有 8 名为美国大学，第 1 位仍是哈佛大学。其实，在美国大学排行榜上，那些小型的院校，如加州理工

学院，排名都相当靠前。英国大学则似乎可以居到第二的位置，剑桥与牛津大学虽然分别列于第2位和第10位，但仍遥遥领先于他国。其实，在英国国内大学的排行榜上，帝国理工学院、伦敦经济政治学院乃至亚非学院等都表现相当出色。德国自己的大学排行榜一般是分类的，各类大学因其擅长学科不一，而名次很不一样。往往是那些曾名声远扬的大学，如柏林自由大学、洪堡大学、海德堡大学，有名落孙山的可能；而像比勒菲尔德大学、科隆大学等反而会有名列前茅的机会。所以大学排行榜这种东西，参考可以，当真可就不必了。

在现代性进程的长期接力赛中，远还没有行到终点或接近终点。我们如果只是因了美国的暂时强大，而将美国大学同样捧为值得"亦步亦趋"的效仿典范，那将是非常不智的。充分关注现代世界演进过程中的若干重要大国，尤其是具有文化昌明与思想原创性的欧洲诸国，如法、德、英，是极为必要的。其大学构建与民族—国家形成、发展，具有极为密切的关联，更是值得深加开掘。这一思路，不但符合我们"博采众长"的一贯思路，同时也暗合人类文明进程中各家"核心文明"的百花齐放现实。

对于法、德大学的评价，就明明白白地显示出我们的"无知"。在我看来，20世纪的原创性思想，基本都诞生自欧陆，说得更具体一点就是法国与德国。而在这张排行榜上，仅有22所法国大学名列其中，其中又只有4所大学进入百强。这些学校是：巴黎六大（第46位）、巴黎十一大（第61位）、斯特拉斯堡一大（第92位）、巴黎高等师范学校（第93位）。与上海交大2003年第一次公布的大学排行榜相比，法国大学位置略有提前

（在 2003 年排行榜中巴黎六大列第 65 位，巴黎十一大列第 72 位），但总体表现相当一般。

通过这个排名，我们看到一个非常重要的现象。即综合性大学相对获得较好名次，而被法国人自己引为骄傲的大学校，却战绩欠佳，即便是在努力之后，巴黎高师也不过勉强挤入了百强之列，而巴黎理工（巴黎综合理工学校）则被甩到 200 位之后，事实真是如此吗？有趣的是，英国《泰晤士报》高等教育增刊亦公布了 2005 年全球 200 最佳大学排行榜，同一所学校（巴黎综合理工学校）列在第 10 位，是美（哈佛、麻省理工、斯坦福、伯克利、耶鲁、加州理工、普林斯顿）、英（剑桥、牛津）大学之外的唯一入前 10 名者。[①] 那么，我们不妨来看一看，这是两所怎样的学校？

这是法国知识界/学术界最具有精英意义的机构，分别代表了科学与人文领域的最高学府。凡我们所熟悉的法国学人/文人等一流知识精英的名字，莫不与巴黎高师相关，如罗曼·罗兰、萨特、阿隆、福柯、布迪厄、德里达等等，都是此校的学生。与之相反，科学精英则多半出自巴黎理工。1789 年法国大革命的成功，资产阶级革命议会获得了绝对的统治权，随即颁布"公共教育组织法"（Loi sur L'organization publique，又称"达鲁法案"，P. C. F. Daunau），其中最重要的决定是：关闭和取消现存的中世纪大学，建立各种专门学院；对现存的部分综合性学院和军事学院则予以改造；此外，再设置某些专门研究机构。当时，在巴黎

[①] 参见《北大被〈泰晤士报〉评为亚洲最佳》，载《新京报》2005 年 10 月 28 日 A16 版。

及其他地区设立了十几所专门学院,这就是后来赫赫有名的"大学校"(Les grandes écoles)。1794年,"大学校"的集大成者——巴黎综合理工学校建立。这是作为精英学校的大学校在理科方面最顶尖的学校,所谓"最初真正体现近代科学内容的高等教育机构是法国大革命时期的综合理工学校"。这两个学校的特点,都是"短小精悍",即规模极小,而声誉极大。如果比规模,那么像浙江大学、四川大学、吉林大学乃至扬州大学这样的"超级大学"早就可进入世界一流,还有什么可比的?但加州理工这样的"甲壳虫",却接连蝉联世界大学排行榜的高端位置。

当然,法国的教育管理者与学者之间的态度并不完全一样。2003年,上海交大高教所第一个大学排行榜公布后在欧洲教育界引起了颇为激烈的反应,各家媒体进行了很多报道。很多大学界人士纷纷发表意见。法国学界指责排行榜的评估标准不科学,排名方法有失公正客观。法国综合性大学且不说,法国人引以为傲的巴黎高师、巴黎理工都屈尊人后甚至名落孙山,说明排行榜过于偏重英美,特别是美国高校,如此偏颇会对法国高校的国际声誉带来负面影响,甚至法国教育部也为此正式向中国驻法使馆教育处致电了解情况。相比之下,2005年排行榜[①]公布后法国学界及媒体相对平和、甚至略带反思地看待这一结果。

一方面,他们认为,量化排名的方法肯定有其局限性,但它

---

① 这张排行榜上法国的学校还有:法兰西学院(第101位)、格勒诺贝勒一大(第153位)、巴黎五大(第153位)、巴黎七大(第153位)、巴黎综合理工学校(第203位)、波尔多一大(第203位)、里昂一大(第203位)、蒙彼利埃二大(第203位)、图卢兹三大(第203位)等。但以人文社会科学著称的巴黎四大,却名落孙山。

确实能够影响外国学生对知名学校的选择（法国大学校长委员会第一副主席 Yannick Vallée 教授）。另一方面，他们更多地从法国高教政策层面来反思这一结果。诸如缺乏专门科研支持政策而导致法国大学的竞争力削弱（斯特拉斯堡一大校长、法国大学校长委员会负责科研的 Bernard Carriere 教授），法国大学资源力量分散（如巴黎就有十七所综合性大学，大学校的数量更多，其他城市也是这样。巴黎十一大校长 Anita Bersellini 教授），法国大学名称复杂又无统一称呼（如里昂一大在国际性学术出版物中出现了 44 种不同叫法等），甚至包括制度层面的综合性大学不能遴选入学学生、国家对大学经费投入不足等等。这些都导致了法国大学在国际上的竞争力的削弱，以及知名度的提高。其实，综观法国人自己的分析，问题的实质是两个方面，一是客观的影响，即由于技术层面的原因导致法国大学国际知名度的欠缺，即"名实不符"；二是主观的欠缺，即确实是由于各种原因而导致的法国大学国际竞争力的削弱，以及实际地位的颓落。

就中国学界的高等教育研究水平而言，北大、清华、厦大、华中科技大其实都不逊色，上海交大因其思路新颖并操作得当，而在世界范围内获得了相当影响。但这种日益受到世界关注的排行榜，更多借助的是中国崛起的声威，而非教育评估机构本身的"技艺高超"。这从法国第四大学校长亲笔致信中国驻法大使就可以看出，在他们眼中，这似乎代表的是中国的价值判断。

而且就学术认知而言，无论是强调"质的研究"，还是主张"教育叙事"，比较前卫的教育学学者都已经意识到单纯"量化研究"的不足与局限，并努力尝试从"质的层面"去深入问题的底里。但其中的关键，仍在于如何调试彼此间的张力维度，过于忽略统计的意义，固然不足取；以技术化的"数字管理"来阐释世界，更可能误入歧途。人文学者其实都不太可能没有教育情怀，他们的认知方式与思考进路，也应该得到充分的关注。如此，庶几使得在国际上被理解作"中国的世界大学排行榜"的交大版本更具公信力与权威性。即便做不到这一点，也希望能有媒体或机构从另一个角度来操作，至少比较全面地展现我们对外国大学的学术认知，而不能仅仅是以冰冷的数据来说话。就这个意义而言，对于西方其他国家，如加拿大、澳大利亚和瑞典的著名大学；东方其他国家，如俄罗斯、日本、印度等国的大学，也都应该予以学术层面的关注，并将其纳入排行考核的指标因子之中。这样不仅可以使大学排行榜本身更具公信力，也可以推动中国学界对世界大学的学术认知与研究进程。

总体而言，上海交大的大学排行榜的出现与世界影响的获得，是一件值得高兴之事。这一方面得益于他们的操作手法与新颖思路，另一方面更取决于中国的世界影响与日俱增。换言之，上海交大在很大程度上借助了"中国崛起"的客观事实，而将自己在事实上置换为大学评价的中国主体代表的位置上。但仅满足于此是绝对不够的，我们要做别人没有做过的事，正如别人给我们提出问题那样："中国真正需要什么？我们知道吗？中国知道吗？每个伟大的文明国家都会给世界带来一种理念。中国将带来什么样的理念？"[①] 我们应当给世界带去自家的理念，这才是中国

[①] 热罗姆·莫诺：《中国人来了，让我们欢迎他们》，载《参考消息》2005年5月26日第8版。

文明贡献给人类的灼灼大礼。这也就涉及另一个事关全局的根本问题：中国怎样才能作为一种伟大的文明崛起于世界？如果在注视改革二十多年来所取得的巨大经济成就时，我们会遗憾地发现，在文化学术领域的创造似乎不太成比例。当教育界、学术界津津然以"创建世界一流大学"自期的时候，当我们的"创新成果"在数码时代的统计下飞速增长的时候，我们贡献给时代与人类文明的究竟是怎样的精神财富？这是相当大的命题了，但无论如何，产生原创性的知识与思想，应是我们发展的一条基本原则。具体到这里的"一件小事"——大学排名，也同样希望谋事者能更多地思考，如何在知识推进的意义上，进行和完善我们的"大学排名"，使之成为真正具有前沿意义的"质的累积"和"量的计算"的中国品牌。具体言之，必须加入对各大学学术认知层面的考量。除了一般意义上都会统计的各种数字类指标之外，还应考量隐秘流传的、无法用具体统计数字衡量的诸如大学精神、大学故事等。附带说一句，对外国教育史的研究，乃是不可再薄弱下去的基本环节，没有对外国大学发展史及其社会历史的充分认知，所谓"世界一流大学"的理想，只能是"镜花水月"。他山之石，可以攻玉。不妨由此开端。中国教育研究何其庞大的研究队伍，但可以贡献出来的"史"的成果，却真的有待"更上层楼"。话说回来，这也与中国现代学术发展百年来，外国学的整体建设薄弱有很大关系（此处不赘）。如此主张，当然纯属理想境界的"纸上谈兵"，具体的操作性问题（诸如主事者与媒体，乃至包括各人文学科在内的众多教育研究者的良性合作与积极沟通等），不在考虑之列。只是想当然地认定，一个正在崛起于世界的现代中国，应当具备代表其泱泱大国身份的"国际话语水准"以及背后所体现的"学术认知层次"。

同样，中国大学进入《泰晤士报》排行榜者的增多，似乎亦大大增加了国人的自豪感。2005年，大陆有5所大学入选（北大第15位、清华第66位、复旦第72位、中国科大第93位、南大第150位）。如果仅以此评价为标准，北大早已迈入世界一流。事实上，这主要表明的，恐怕还是中国的世界影响，而非具体学校的实际水准。对这一点，我们对自己要有清醒的认知，而非人云亦云。中国威胁论是以多种形式呈现的，正如当年黄祸论也包括了中国的文化与商品；"捧杀"，向来是很厉害的武器。套一句毛主席的老话，"骄傲使人自满，谦虚使人进步"，对正在发展进程中的我们来说，脚踏实地，走自己的路，比什么都重要。对于面临和平崛起与和谐社会建构双重任务的中国来说，更是任重道远，而就最高端的学术思想方面而言，一流大学仍在很大程度上担负起"灯塔"之责，所以，如何在功利化如此甚嚣尘上的全球化与现代性大潮里，尽可能保持些寂寞，冷静些行路，这既是历史带来的巨大挑战，也是时代赋予的重大使命。就此而言，教授个体如何坚守书斋的位置，校长集体如何引领大学的方向，也就非仅关乎一人一校而已，在如此喧哗的年代里，是否还能依稀见得先贤影踪风仪？不过，有蔡元培、郭秉文、蒋梦麟、梅贻琦、张伯苓等人的踵迹在先，也就不能说我们的时代，就走不出一条血脉贯通的现代民族之路，现代大学之道。

21世纪中国大学构建的重要命题

  陈平原先生谓:"从事学术史、思想史、文学史的朋友,都是潜在的教育史研究专家。因为,百年中国,取消科举取士以及兴办新式学堂,乃值得大书特书的'关键时刻'。而大学制度的建立,包括其蕴涵的学术思想和文化精神,对于传统中国的改造,更是带根本性的——相对于具体的思想学说的转移而言。"①这一判断,至关重要,之所以重要,因为其不仅关乎中国现代大学的制度意义,更包含着中国现代化进程中发展的可能与转折的机遇。将大学制度建立,纳入百年中国历史社会文化变迁的宏观视野,则其于中国的现代化进程中的枢纽乃至核心作用,不言自喻。

---

① 陈平原:《中国大学十讲》,上海:复旦大学出版社,2002年,第2页。

然而，即便是论述现代中国的大学制度，其实，其源流理路，也各有渊源，值得细加区分。北京大学在中国大学史上的地位首屈一指，杜威的话可以为此最好的注脚，他说："拿世界各国的大学校长来比较一下，牛津、剑桥、巴黎、柏林、哈佛、哥伦比亚等等这些校长中，在某些学科上有卓越贡献的，固不乏其人，但是，以一个校长身份，而能领导那所大学对一个民族、一个时代起到转折作用的，除蔡元培外，恐怕找不到第二个。"① 这里揄扬的虽然是蔡元培，但亦可见北大在现代中国历史上之特殊地位。至于说到"并非世界一流大学的北大，在东方文明古国崛起的过程中发挥如此巨大的作用，这种荣耀，又是许多世界一流大学所不具备的"，更是确凿无疑地标示出北大的独特地位。不过，北大之所以能起到如此重要作用，恐怕与它是第一所国立大学（皇家）大有关系。同样，清华之所以能在20世纪30年代以后，以短短的时间迅速崛起，与其留美预备学校的渊源也是关系极大，而清华所代表的传统，则是外来和尚好念经的典型代表。这是中国大学史上第二种大势力，现在多半以教会大学的名分而引人注目。但还有第三种力量，同样值得关注，而在某种意义上，如果我们贯通百年，打通历史与当下的血脉，甚至是更值得注意的，则是中国大学史上"私立大学"的传统。

所谓"学在民间"，古已有典，章太炎对此总结道："学术者，故不与政治相丽。夫东胶、虞庠、辟雍、泮宫之制，始自封建时代，礼乐射御皆为朝廷用。孔老起，与之格斗，学始移于庶

---

① 转见郑勇：《是真精神自风流》，载《中华读书报》2000年5月17日。

民。自尔历代虽设大学,其术常为民间鄙笑。汉世古文诸师,所与交战者十四博士;宋世理学诸师,所与交战者王氏之《三经新义》。综观二千岁间,学在有司者,无不蒸腐殰败;而矫健者常在民间。方技尤厉,张衡、马钧之工艺,华佗、张机之医术,李冶、秦九韶之天元四元,在官者曾未倡导秒末,皆深造创获,卓然称良师。"① 说得更明白些,"并不是兄弟

章太炎

有意看轻学校。不过看中国几千年的历史,在官所教的,总是不好;民间自己所教的,却总是好。"② 如此将官学、私学截然对立,未免略有矫枉过正之嫌,但认同民间强于官学绝非章氏一人,吕思勉也曾断言:"学术之兴盛,皆人民所自为,而政府所能为力者实浅矣……学术之命脉,仍系于私家也。"③

正是在这个意义上,见到《重建中国私立大学:理念、现实与前景》一书,不禁心甚喜之。因为这个题目,就引起了我浓厚的兴趣。让我尤为兴奋的是,这部书的基本立意与思路,与我的期待相去并不太远。作者开宗明义,在导论中就明确提出本书要表达的三个核心思想,使我很快地能与作者进行思想的对话:1.

---

① 章太炎:《代议然否论》,《章太炎全集》第四卷308页,转引自陈平原:《中国现代学术之建立》,北京:北京大学出版社1998年版,第89页。

② 独角(章太炎):《庚戌会衍说录》,《教育今语杂志》第4册,1910年,转引自陈平原:《中国现代学术之建立》第89页。

③ 吕思勉:《吕思勉读史札记》,上海:上海古籍出版社,1982年,第904页,转引自陈平原:《中国现代学术之建立》第89页。

现代大学理念是人类文明的伟大成就，而承载着这一理念的现代大学重构，是制度现代化进程的重要组成部分。2. 20世纪中国私立高等教育的坎坷历史，折射出这个重要历史时段内中国现代化的制度扭曲及其对大学教育的深刻影响。3. 当代中国私立大学重建的成功，有赖于我们的办学者、教育家更加清醒地意识到自己的历史使命，有赖于一个更加开放、更加多元化的国内语境的形成，有赖于教育全球化浪潮中国经验与本土实践间更加有效的结合与互动。① 一上来，就让我找到了兴奋点，作者对现代大学理念的重视，对制度现代化的关注，由宏观历史审视当下问题的视角，都引起我非常热烈的阅读兴趣。

全书八章，加一个导论，实际上是九章内容。章节编排可以看出作者理论设计的基本框架，我将其分为三大部分，导论与第一、二章构成第一部分，为宏观历史视角的审视。其中：导论为《从制度现代化角度看中国私立大学的重建》，第一章为《现代大学理念的历史承担者》，第二章为《历史的断裂：20世纪下半叶中国高等教育回顾》，分别从理论建构角度，以及20世纪的历史进程中来探讨私立大学的位置与发展可能。第三到第七章构成本书主体，即当代私立大学的发展状况，作者给起了个名字叫做"艰难的再生"，其题目分别为：《私立大学如何冲破旧体制的牢笼》、《办大学，钱从哪儿来？》、《中国家长接受私立大学吗？》、《人格本位教育目标的重构》、《私立大学内部管理与行业集合》，实际上分别探讨了体制、资金、国民心态与生源、人格本位教

---

① 张博树、王桂兰：《重建中国私立大学：理念、现实与前景》，北京：教育科学出版社，2003年，目录第1页。

育、内部管理与行业整合五大问题。第三部分为第八章,即从展望的角度来讨论全球化与中国私立大学重建成功的制度前设。

我以为此书有很多方面值得借鉴,最值得提及的当然是全书的创新意识与针砭时弊的勇气,理论上的突破与创新意义主要表现在概念的突破上,从"民办"到"私立",这是一个有勇气的提法。在国家的现代化进程中,大学毫无疑义的居于中心地位。① 有论者提出建立大学特区的问题,认为:"用高屋建瓴的眼光来构思中华民族的崛起,其焦点自然落在一批能够屹立于世界民族之林的文化中心的成长上。大学就是一个民族文明教化的中心,更是一个对全球最有影响力、说服力的文化平台。""大学特区集文化、教育、科技及产业为一体,面对现代文明的现实,在哲学、历史、宗教、心理学、美学、政治学、法学、经济学以及自然科学的各个方面展开反省、探索、创造,为新的生存方式奠定全面的理论和技术基础。"② "谁拥有大学文化中心,谁就拥有未来的社会精英,谁就能开拓未来。大学要像牛津大学、哈佛大学、柏林大学,以及当年北大、清华一样,首先不是从具体现实的需要出发,而是从民族振兴的百年大计出发,从学理出发,从人类文明的延承与发展出发,不只是培养工具型人才,而要培养具有文化创造能力的全面发展的社会精英。大学还要成为领导社会潮流的文化中心。"③ 对大学文化与精神功用的肯定,不言而

---

① 姚国华:《全球化的人文审思与文化战略》(上卷《文化立国》、下卷《大学重建》),深圳:海天出版社,2002年。
② 姚国华:《全球化的人文审思与文化战略》下卷《大学重建》,深圳:海天出版社,2002年,第841页。
③ 同②,第842页。

喻，在本书中更是强调大学作为"制度与精神的建构，它与数百年来人类波澜壮阔的制度现代化进程息息相关，并以其成功或挫折，辉煌或暗淡，反衬出自身所在的文化母体的历史兴衰"，而"大学如是，私立大学更加如是"①。行文用语，不难看出作者对私立大学的"情有独钟"。不过，这是明眼人都能看出的纸背情怀，此处且不做申论，仅就本书写作的一些具体问题略加探讨，我认为以下几点尤其值得表彰：

一是合作意识。作者张博树、王桂兰两位，都长期在美国的大学中居留，所以对私立大学在美国大学体系中的作用及其地位有很深的了解，再印证以中国现代化进程中的大学状况，自然也就难免有感而发，感触良深了。但正如作者们在《序》中所指出的："现代学术研究需要合作，也越来越依赖于合作——这一点，对于那些实证、经验考察占相当分量的当代研究领域来说，尤其如此。"我认为，两位作者的合作意识，是此书能取得目前水准的重要原因。如果注意到两位作者不同的学术背景与人生经历，就会意识到我为何如此评价。张博树博士，其专业为经济学和社会批判理论，长期致力于制度现代化的一般理论和20世纪中国制度现代化历程的研究，其与私立大学本来关系不大，但从两个角度，他需要研究私立大学，一是作为制度现代化进程中重要因素的大学制度；二是曾出任民办大学校长的切身体验，后者可能更直接。王桂兰博士，专业为教育学，但主要从事教育管理工作，曾在美国数所高校出任国际教育交流的管理职务，其长处在

---

① 张博树、王桂兰：《重建中国私立大学：理念、现实与前景》，北京：教育科学出版社，2003年，第10页。

兼通中美两国的高等教育状况，且对中国改革与高教发展一直密切关注，而作为海外华人的中国赤子心，更促使他特别关注与期待私立大学的振兴问题。这样一种合作，体现了优势互补，能够起到"1＋1＞2"的作用。

二是实践指向。我觉得这部书的重要价值，有相当部分在于其实践指向，这一评价，既是指作者之一曾经下海办学，有着担任民办大学校长的直接体验；也意味着对他们的研究方法的肯定，即作者之一曾亲身数次考察国内民办大学，并采取了问卷调查的方式，提供了材料①，这是有价值的。所以这部书是来源于实践，又尝试从实践中寻找答案的可贵尝试，意义非同一般。作者自称在写作时调动了两种资源，"观察者的知识与参与者的体验"②，确实是如此。而其例证，更表现为"促进中国私立大学理性重建的若干可行性建议"，作者一共提出了十条建议，分别为：

1. 积极推进私立高等教育的立法工作，使民间办学与政府办学在法律地位上具有实质意义的平等。

2. 逐渐缩小对私立高等教育"管理"的国家一统体制的作用范围与"计划经济"成分，使私立大学合法身份的认可从政府"批准"向社会"承认"过渡。

3. 尊重大学教育、学术独立的原则，形成思想领域中百家争鸣、兼容并蓄、宽容异见与鼓励多元化的格局。

4. 创造条件，疏通渠道，鼓励形成多元化的中国私立

---

① 见张博树、王桂兰：《重建中国私立大学：理念、现实与前景》，北京：教育科学出版社，2003年，附件1：关于中国私立高校（院）长的抽样问卷结果。
② 同①，第4页。

高等教育融资机制，逐步建立合理、健全的私立大学公共产权结构。

5. 政府自身应明确承诺从经济上支持私立大学的义务，这不但构成私立大学融资渠道的一个新来源，而且有助于形成私立高校与公立高校平等竞争的新格局。

6. 改革人事制度，建立教授自由流动的体制，使教授在大学之间有更多选择的余地，这不但有利于建立公立大学与私立大学之间，以及各个私立高校之间合理的人才竞争机制，也有利于真正的、卓有成效的教授治校制度的形成，保证教授在大学的崇高地位。

7. 解放思想，大胆向前看，在办好应用型专、本科私立高等学校的同时，鼓励有条件的学校向现代研究型大学发展。

8. 积极推动"中间地带"发展，鼓励高等教育中"公立"部分与"私立"部分的融合交叉，鼓励公立院校的本身的改革、改制，促进中国高等教育多元化办学格局的形成，同时警惕私立高校中的"学历校"向传统体制的回归。

9. 加强私立高校彼此之间以及私立高校与包括媒体、其他公共机构、研究咨询机构在内的社会组织之间的沟通，形成有利于促进私立高等教育发展的公共领域，探索植根于民间的私立大学行业整合模式，在完善行业内部自律机制的基础上，有效地维护私立高等教育整体的合法权益。

10. 深入展开、推进中国私立高等教育的研究工作，使中国私立大学重建的伟大事业建筑在更具前瞻性、客观性的科学认知与战略设计基础上。①

之所以不惜笔墨，引用作者的长篇论述，因为我觉得这十条建议，实在是本书最具价值的部分。它们是作者的肺腑之言，更是经长期实践和研究探索后得出的理论结晶，值得特别关注。而其致用性的研究思路，决定了他们的研究是有实践指导意义的。我以为，这十条建议，不但对于中国未来私立大学的发展来说，关系重大；即便是对 21 世纪中国大学的整体构建，亦同样很有参考价值，值得决策者仔细推敲。

三是历史眼光。我以为作者的历史意识在本书中表现得相当不错，尤其是考虑到他们的社会科学背景的话，这一点就尤其值得赞赏。作者通过一连串追问将其问题意识尽可能凸显出来：如果说与公立大学相比，私立大学不但拥有体制上的优势，更是贯彻现代大学理念的责无旁贷的历史主角或主角之一，那么，近 20 年在中国大地重新崛起的"民办大学"是否清楚地意识到了自己的使命和历史定位？它的发生背景、成长机制是怎样的？国家体制、政策环境、市场潮流、国民心态在什么意义上有助于它的发展？在什么意义上又阻碍其发展？为什么迄今为止大部分"民办高校"的形象不佳？近年来出现的海外华人和国内私企投资办学对中国私立大学的整体发展有何影响？私立大学的内部管理、行业整合处于什么样的水平和状态？中国当代私立大学的发展潜力到底有多大？在教育全球化的大趋势中，中国私立高等教育的前景如何？它又将给中国公民社会的形成、中国制度现代化的发展

---

① 张博树、王桂兰：《重建中国私立大学：理念、现实与前景》，北京：教育科学出版社，2003 年，第 255—265 页。

以怎样的促进?① 虽然每个问题都离不开对私立大学现状与命运的苦苦追索，但仔细品味，就可以感觉到作者始终是在20世纪中国的百年框架内来考虑问题，历史使命与历史定位，就是作者暗示的可能答案。

四是人文关怀。由人文学者而发为对于教育，尤其是大学教育的关怀，史不绝书。不仅古已有之，而且外有明证。德国学者洪堡即从新人文主义角度出发，强调修养，或者通识性修养（allgemeine Bildung）是个性全面发展的结果，是人作为人应具有的素质，它与专门的能力和技艺无关。相反，任何专业性、实用性学习会使人偏离通向修养的正途。唯有探求纯科学的活动可以达至修养②。他进而以"由科学而达至修养（Bildung durch Wissenschaft）"来概括大学之双重任务，可以通过科学研究来作为达至修养的手段，大学从事科学之目的则在于促进学生乃至民族精神和道德修养③。本书作者同样将人格本位教育的重构当作大学的核心使命，因为"把学生培养为什么样的人，这永远是教育哲学的核心问题"。在作者们看来："人格本位教育就是要把人的精神、品行、意志、情操的培养放在最重要的位置上；专门技艺的学习并非仅仅为了谋生，学生应该具有'一口不谋谋天下'的博大情怀，才能真正成为现代公民社会的一分子，成为捍卫正义与

---

① 张博树、王桂兰：《重建中国私立大学：理念、现实与前景》，北京：教育科学出版社，2003年，第4页。

② 洪堡（Humboldt，1809）：《立陶宛学校计划》，页77，转引自陈洪捷撰：《德国古典大学观及其对中国的影响》，北京大学高等教育科学研究所博士论文1998年，第25页。

③ 参见陈洪捷撰：《德国古典大学观及其对中国的影响》第25—26页。

社会良知的勇士，成为对民族、对人类有所贡献的人。"① 正是出于如此浓厚的人文关怀，所以使本书处处洋溢着一种触动人心的力量，这是一般专业著述中较少出现的。

综而论之，这部书的意义，如果能从全面反思中国现代大学制度的角度来考察，而不仅是就私立大学论私立大学，或将其封闭在民办教育的视野之内，其功用可能更为彰显。王英杰教授曾颇为尖锐地指出中国高教系统的"无序与失范"问题，提出重新构建中国的高等教育体系②。其实，在我看来，21世纪中国大学的构建，如何处理几种类型的大学关系，至关重要。在某种意义上说，可以说是重构传统，因为20世纪上半期，中国大学是公立、私立、教会三分天下③；在21世纪，其基本架构很可能呈现为公立、外来、民办（或私立）的三足鼎立。如果仅就目前形势看，这种论调简直是痴人说梦，因为公立大学明显占据绝对的主导地位，民办大学仍需为得到国家认可的文凭颁发资格而苦苦挣扎，外来大学基本上只有影子在晃动，只能在中外合作办学的框架内活动。但，形势的发展往往不以人的意志为转移，改革开放的声势如此浩浩荡荡，又岂是20世纪70年代的人能够设想的呢？同样，21世纪中国大学的发展，将出现较大的跨越式发展可能。这种可能源于时代的发展，也源于契机的出现。

---

① 张博树、王桂兰：《重建中国私立大学：理念、现实与前景》，北京：教育科学出版社，2003年，第170页。

② 王英杰：《重构高教体系》，原载《人民政协报》2001年12月18日，见《人大复印资料·高等教育》2002年第2期，第16—17页。

③ 金以林在论述"近代大学教育的兴起"时，即是按照公立大学的普及、私立大学的兴起、教会大学的发展的三分思路。参见金以林：《近代中国大学研究1895—1949》，北京：中央文献出版社，2000年，第42—147页。

一是随着中国加入世界贸易组织，高等教育的开放自是题中应有之义。外国大学抢滩中国，不是来不来的问题，而是时间早晚的问题。中国政府的教育保护政策，应当是如何主动应对的问题，而绝不可能是"拒人于千里之外"。就目前的形势来看，新的《中外合作办学条例》已经颁布，"引进优质教育资源"也同样成为中国教育国际合作与交流的主导思想。"外来和尚"必然会来念经，只不过是有的只冲着中国巨大的教育市场，目光仅仅盯在高额利润上；而那些有眼光、有实力的名牌大学（所谓优质教育资源），如果他们立足长远，多一点历史思维，继承一些上世纪教会教育的优良传统，那么情形则会不一样。他们很有可能成为构成中国未来大学的三根支柱之一。当然，作为政府的教育行政部门如何在世贸组织框架内调节、掌控乃至引导其发展，则是另外的重要话题。

而私立大学（这里包括民办大学），则毫无疑问非常有可能成为21世纪中国现代大学的重要支柱之一。道理很简单，中国的经济、社会发展要求不断扩大高等教育的规模，而仅凭国家的财力是做不到这一点的。《中华人民共和国民办教育促进法》的颁布就很好地说明了政府充分意识到这个问题，以及对民间力量参与教育事业的认可。与一统天下的公立大学相比，就对体制的冲击性而言，私立大学更是首当其冲，比外来大学要处于体制挑战的最前沿。因为，外来大学毕竟有一个世贸规则的框架在那里，相对有一"费厄泼赖"的规则。而私立大学则不得不面对传统体制的种种束缚，正如本书作者所尖锐指出的："中国私立大学的重建是中国改革开放的产物，并且触动了传统体制中最敏感、最脆弱的那部分神经。"① 作者列五章论述当代私立大学的困境，其实归根结底，其根本问题就是制度！当然，对改革过程中出现的问题，我们也应该多抱理解的态度，因为毕竟，大学制度，牵一发而动全身，非同小可啊！

总之，私立大学这一命题，并非新鲜。而作者合二人之努力，集中西之智识，采书本实践之精华感慨，发为此书，所谈虽集中于"私立"，然纸背所见乃是忧国忧民的大写的"公益"。所以，也就难怪作者会谈及公民社会的诸问题了。好在私立大学之成功史有先例，现代大学史上南开的崛起与复旦、厦大的成功，都是很好的典范。虽然今非昔比，21世纪的中国自有其特殊的历史语境与时代任务。但只要我们立足于传统，敢于直面现实，凭借现代的意识、智识和使命感，就多少能为21世纪中国现代大学建构这一历史命题做出自身的一些贡献。

当然，大力推荐此书，并非因此书白璧无瑕。任何一部著作都难免有值得商榷处。此书远非一部完整或成功的理论著作，它的主要价值在于其一定程度的实证性与现实针对性。同样，此书的有些观点就颇值推敲商榷。私立大学当然重要，包括在未来中国大学体系的构建之中的地位，更可说是鼎足之力。但强调私立大学的重要，是否就意味着私立大学包办天下，惟我独尊？我看不是。作者当然也没有这么说，但我隐隐觉得字里行间，不管是所谓"担当起'再造民魂'的伟大使命"，还是要"完成现代启

---

① 张博树、王桂兰：《重建中国私立大学：理念、现实与前景》，北京：教育科学出版社，2003年，第7页。

蒙,培养个性独立与具有自主批判精神的'勇士'型公民"①,作者似乎给私立大学压上过于沉重的担子②。毕竟,21世纪不是20世纪,即便是在中国现代大学的发端期,在启蒙、救亡诸种时代使命中扮演主角的,恐怕还是北大、中大(中央大学)这些国立大学的作用更大些。蔡元培在北大改革能一举奠定下中国现代大学制度,让他换一个私立大学,能做到这样"号令天下,莫敢不从"的功用吗?而在当代,虽然大学的威望与精神作用已无法与历史相比,但北大、清华等作为时代灯塔的作用并未完全消失。私立大学,在目前阶段,恐怕还是首先要能"登堂入室",能取得正当之地位,进入"大雅之堂",至于"争奇斗艳"乃至"领袖群伦",那还是放到下一步的好。指望还未成型的私立大学,就立刻成为未来之剑桥、牛津,既不现实,往往还会自添烦恼,倒不如脚踏实地,一步一个脚印,逐渐推进自己的目标。如此立论,并非要否定私立大学"志存高远"的理想,而是更希望立足于路在脚下的实干精神!能如此,则不但恢复昔日南开、复旦之风采有望,他日之哈佛、斯坦福,亦未必不可期而至矣!

---

① 张博树、王桂兰:《重建中国私立大学:理念、现实与前景》,北京:教育科学出版社,2003年,第8页。

② 虽然作者注意到,在20世纪上半叶,是公立大学、私立大学、教会大学三家联手,共同推进了中国年轻的高等教育事业。同①,第34页。

后记

  对这部集子的编定需要略作交代。这些年除了认真进行自己所谓的学术研究之外，一直不敢忘怀对基本问题的思考，不过看和写的时候多，发表的时候少。我的东西，大概有时是很喜欢压在抽屉里的，真实的抽屉当然现在已经没有了，那便是在电脑中。之所以如此，大概与我的生性有关。这也勉强不得，有时很喜欢发表的感觉，有时又走极端似的想压压自己，想来想去，还是学者何为？书写何为？这是个很让人困惑的问题，此处且搁下。

  编辑这册文章，乃是水到渠成之事，因为对大学的关注乃是，虽然因了自家的惰性，在媒体炒作热烈、公情交锋激愤之时，往往懒得动笔，不愿发言，因为觉得很难做到心平气和地推究学理。可有其长必有其短，往往是待自己做完文章之后，事情早已烟消云散，再发表已如"过眼云烟"，感兴趣的报刊和读者恐怕都不多，便只能"敝帚自珍"了。这其中，若干文章应云际会也曾获得过广泛关注，譬如《大学精神何处寻》（原载《博览群书》2000年第8期）一篇就曾广泛流载于网络，也时被引用。当然，其中也不乏媒体故作惊人姿态者，譬如《大学排名、学术认知与中国的世界影响》一篇本是客居巴黎时偶然机缘的信笔文章，但在报纸上刊出时却赫然成了《中国的世界大学排行榜暴露了谁的无知？》，那浓墨重彩的大幅标题，和我当初想要平心静气地来探讨不同国别的大学特色的思路，即使不是离题万里，但却完全成了编辑家的"构思"。虽然不少师长朋友反馈内容不错，但此事仍让我好生不自在了颇长时间，甚至连写作的兴趣都降低了不少。

但也有因为学界前辈或同仁支持与兴趣而使我继续在此题上努力的。譬如《德国大学排行榜单与现代大学理念的失落》刊于《同济大学学报》，就是孙周兴教授的命题作文，他大约是看到《续大学三问》、《哥廷根思想与德国启蒙大学观》还算说了些东西，正好同济百年，想对大学的命题做些讨论。但那两篇文章一则刊于《书屋》，一则为《书城》所用，自然不好一稿两发。当时正好关注到德国国内的大学发展情况，乃有此文。

需要交代的是《利禄学者今何方？》曾以石稼的笔名发表于《中华读书报》（2006年2月22日），特此说明。对于学者的功利性问题，至今犹感困惑，人终究是社会中的人，学人也不例外。功利性也就是可以理解的，但如何把握其尺度，并使其符合一般的学术伦理，却是值得我们深思的。并不是要将自己扮演成道德教师的角色，而只是对包括自己在内的本色学人提出问题，希望有所反省。

　　将书中文章分为三辑：大学论、德国大学、中国大学。大致集中在大学的话题上，其中不少文章都曾在各类媒体发表过，谨此对原发报刊和编辑深致谢意，当时因各种原因做过技术处理，现都恢复原貌。我这个人有疏懒的一面，若非周勇兄热情敦促编集则还要如此这般拖将下去；尽管如此，从开始提起话题到最后编出初稿，还是拖了些时间，也要报以歉意。此书之出版，刘铁芳兄积极奔走，而孙汉生兄最终玉成，都是应当特别致谢的。

图书在版编目（CIP）数据

大学的精神尺度/叶隽著．—福州：福建教育出版社，2011.4
ISBN 978-7-5334-5531-6

Ⅰ.①文… Ⅱ.①叶… Ⅲ.①高等教育－研究 Ⅳ.①G64

中国版本图书馆 CIP 数据核字（2011）第 046975 号

大学的精神尺度

叶 隽 著

出版发行	海峡出版发行集团 福建教育出版社 （福州梦山路 27 号 邮编：350001 电话：0591-83733693 83706771 传真：83726980 网址：www.fep.com.cn）
出 版 人	黄 旭
发行热线	0591-83752790
印　　刷	福州华彩印务有限公司 （福州新店南平路鼓楼工业小区 邮编：350012）
开　　本	700 毫米×1000 毫米 1/16
印　　张	14.5
字　　数	153 千
插　　页	1
版　　次	2011 年 5 月第 1 版 2011 年 5 月第 1 次印刷
书　　号	ISBN 978-7-5334-5531-6
定　　价	28.00 元

如发现本书印装质量问题，影响阅读，
请向本社市场营销部（电话：0591-83726019）调换。